T0072491

I Love Yahweh
나는 하나님 야훼를 사랑합니다

JEWN HO CHOI

PARTRIDGE

To order additional copies of this book, contact
Toll Free +65 3165 7531 (Singapore)
Toll Free +60 3 3099 4412 (Malaysia)
orders.singapore@partridgepublishing.com

www.partridgepublishing.com/singapore

Contents

한국인들에게 !

韓國 Korea 국민들에게 옳바르게 역사를 여기에 기록하여서 실제에 역사를 교육되도록하게하기위한 여기에 西紀 2013年 5月 27日에 기록한 5장중에 1장에서, 5장에서 5장까지 馬韓 (마한)기원전 1285年부터 와 辰韓(진한)기원전 1285年부터 와 弁韓(변한)기원전 2224年전부터 에 三韓(삼한) 시대에서, 그 馬韓은 고구려로되였었으며, 그 辰韓은 신라로되였었으며, 그 弁韓은 백제로되였었으며. 그래서 고구려와 신라와 백제는 후삼국시대까지 유지하였었으며. 弁韓사람들과 백제사람들은 日本(일본)에가서 쌀농사를 하고살면서 그 일본에서 漢字 (한자)를 처음으로 일본사람들을위하여 사용하고살면서 빠르게쓰면서 줄여서쓴 가나 는 西紀 대략678年도부터 사용하고 썼으며 쓰기시작하였으며 그것을 만요가나라고 하며 그 처음에쓰기시작한 만요가나중에서 히라가나를 처음그렇게 사용하였으며 후에 西紀 1078年도부터는 그 만요가나였던 히라가나를 본따서 가다가나로 인쇄체비슷하게 썼으며 그것을 만요가나중에서 가다가나 라고하며 그렇게 모두약 300 글자정도를 사용하다가 서기 1900 年도부터는 48개에 글자인 가나 를 현제와같게 사용하고있으며. 그 弁韓사람들과 백제 사람들은 日本에가서 살기시작하였던 年도후에도 그사람들에 자손들은 수시로 高麗 Ko Rea(고려) (Korea) 국가에 왔다갔다하였으며. 서기 918年도에 후삼국을 통일하고 高麗 (Ko Rea) (Korea)국가를 세우고 다스리신 왕융과 韓(한) 씨모친에 아들인 후삼국을 통일하신 高麗(Ko Rea) (Korea) 국가에 국민들에 국왕 王建(왕건)의 부친 은 왕융 그리고 국왕님 王建(왕건)에 모친은 韓(한)씨 였으며. 그당시부터 약 1205年전부터 일본에가서 살고있던 변한 사람들에자손들과

1

그당시부터약 350 年前 부터 일본에가서 살던 백제 사람들에 자손들도 高麗(Ko Rea)시대에 高麗 (Ko Rea) 국가에 왔다갔다하면서 漢字를 약자로 획수를 줄여서 썰던 가나 인 히라가나를 高麗 (Ko Rea)(Korea) 국가조정정부 외교관원들과 충신들은잘알고있었으며 교육과에 충신들도 일본에서 살고있는사람들은 무슨글자를 사용하고있는지를 잘알고있었으며, 그당시와 그훨씬전에도 일본에서 무슨글자를 쓰고있는지를 잘알고있었으며 발음도잘알고있었으며 그래서 아무도 속일수없었으며.

그래서 그후에도 후손들은 쉽게 그 가나 에서 그 히라가나 와 가다가나 에 글자모양과 발음을 벌써연구하여서 잘알고있었으며 그 히라가나와 가다가나에서 모양과 발음을 따와서 한국어로 사용하기시작하였으며, 그 실제로 가나 는 일본에글자로도 ㄱ 에다가 가운데에ㅣ자로 내려긋고 오른쪽윗쪽에—요렇게 점을찍어주면 가 라는 일본글자와 가 라는 한국어 한글 글자가 되며 똑같게 발음도 모음발음 "가" 로 일본과 한국에서 똑같치 발음합니다. 모양도 비슷하며 획수도 똑같습니다. 여기에 한글자만 실제로 예를 들어서 설명하였습니다. 그래서 한글은 일본어글자인 漢字를 줄여서쓴 만요가나인 히라가나와 가다가나 글자에서 발음과 모양을 따왔으니 그렇게 실제대로 알아야하며, 변한사람들과 백제사람들 일본가서 연구하여서 사용하던 가나 를 그대로 따와서 한글로 접목시킨것 글자가 한글입니다. 그러니 다시는 국민들을 기만하지말고 거짓으로 가르치지말고 한글사기치려던 월남에서 범죄행실하고 죽음을 면치못하니 살지못하고 고려국가로 도망가서 살던놈에자손 리세종리씨놈은 죽어서 지옥에가서없어졌으니 모든국민들은 그 사기꾼들에 범죄사실을 잘알수있게 교육시켜야합니다. 그래서 다시는 그 누구도 거짓말을 하지못하도록하였으니 정말 좋은현실입니다. 외국사람들에게 챙피하지않도록 속히 옳바르게 여기에 기록한데로 모든사람들에게 그대로 알려야합니다. 하나님 아무리 잘믿어도 요것모르면 천국가지못합니다. 그리고 요것모르면 현실에서 눈먼 봉사같은 사람되거나 사람들에 생활에 좋지않은 영향을 주는 사람들되기때문에 항시 옳바른사람되였나 자신들을잘 돌아보아야합니다. 교양교육과목으로 알아야합니다. 여러분들에 선친들과 여러분들은 500년동안 범죄자들에게 잘못된 교육을 받고 살았다는 실제를 알아야합니다. 말쉽게오백년하지만 실제로 살인범죄행실을 하고서 범죄행실 감추고 살면서 범죄행위를 정당화 시키려고 한다거나 범죄행위들을 위장하려고 별아별짓들을 하면서 역사를 왜곡한다든지 하는 여러가지 범죄행실들은 암흑과 같은 세상을 살도록 여러분들을 유인하게된동기가 되었었습니다. 중국에서는 잘못된사람들 중에서 고구려 토지를 高麗 (Ko Rea)국가 선친들에 토지라고 주장하지못하게하려는 개수작으로 북한에 철령 까지 중국토지라고 슬며시 철령위를 내려보아아아아 그려면 중국인들 무서워서 압록강과 백두산과 신의주까지 高麗 (Ko Rea)(Korea)국토 라고 하면서 고구려 토지는 고려인들에 (Korean) 선친들에 토지라고 말하는지안하는지 보라고오오. 라고 중국 에 거지들은 그러한생각과 행동을 하여서 동양 삼개에 국가인 중국과 일본과 고려 (Ko Rea)에 지옥과 같게 되게하였었습니다. 우리들과 여러분들은 그러한 잘못된것을 알아야합니다. 그래야 앞으로는 절대로 그와 같은 범죄행실들은 하지않도록 서로들 각별하게 주의하고 살면서 옳바르게만 살려고 모두들 실제로 옳바르게 행동하면서 살게되는 사람들되게하였으니 여러분들모두들 그렇게 옳바른 역사교육과 옳바른 가정교육받은 사람들되였으니 그리알고 늦게나마 기쁘게생각하고 다행스럽게생각하면서 살아야합니다.

동양삼국은 서기 1387 년도부터 고려 Ko Rea (Korea) 국왕에 말씀을 따르지않고 국왕님과 충신들과 국민들을 배신하고 중국에 반란군 거지 주원장놈 편들어서 그 범죄자 주원장에 졸개들 물리치라고 요동성을 급습격하라고하니 그러겠다고 압록강 까지가서 장마철에 물많아서 압록강을 못건너니 돌아가지않고 중국군사 무서워서 그럴싸하게 고려 국토에 삼분에일정도를 중국토지라고 문서를보내서 주장하는 그 중국에 거지출신 주원장 편을들어서 그주원장을 추켜세우면서 고려국가에 반역하고 반란을 일으켜서 군사들을 뒤로돌려서 국왕님 과 최영장군만 계시는 고려 Ko Rea (Korea) 왕궁으로 쳐들어와서 국왕님과 최영장군을 살인하였으며 그때부터 수많은 옳바르고 훌륭한 사람들을

3

살인하고 재산들을 빼았고 불법정부를 세웠었던 리성계 놈과 그 리성계놈에 처 자식놈들때문에 동양삼개국가에서는 엄청나게 크나큰 말로 표현할수없을만큼 지옥과같은 좋지않은 잘못된 난리를 겪으면서 살아야 했었습니다. 지금부터 약 627년전부터 동양삼개 국가에서 국민들에게 잘못된일들 벌어진것은 모두 그놈 때문에 그랬습니다. 그리고 그놈은 중국에 글도읽을줄모르는 그 거지출신 주원장놈때문에 난리가났으며, 토지주인과 싸우고 범죄행실하고 도망갔던놈 리안사 놈에 자손들때문에 범죄행위들을 정당화 시키려는 범죄행위들 때문에 지나간 역사에서 한국인들은 그렇게 좋지않은 전쟁과 난리가났었으며 수많은 사람들은 잘못된 이념에 빠지게 하였던것들입니다.

하나님 야훼에 말씀을 어기고 한번 살인하고 재산을 빼았고 다른사람들에 토지문서들을 불태우고 범죄행실을하였으면, 말로만 회개하지말고, 실제로 회개하여서 범죄자들과 범죄자들에 자손들은 모든재산들을 잃어버린 원래에주인들에게 되돌려주어야하며, 범죄자들은 스스로 자손을 두지말고 인구증가를 막아서 스스로 소멸되게 하여야하며. 그렇지않고 범죄행위들을 위장하려한다든지 하면서 일어나는 범죄행실들은 엄청나게 엉큼하고 또다른 범죄행실들을 계속하여서 발생하게하는 소지를 지니고있기때문에 끊임없는 범죄행위들 발생하게된다든지하며, 그러한 범죄자들 중에서 지도자가된다든지 또는 다른사람들중에서 그들 범죄자들을 두둔한다든지하는 지도자들있으면 역사가 또다시 크나큰 시련을 겪어야하는 암흑과 같은 시대를 맞아들게 되기때문에 여러분들은 그러한 범죄자들을 잘구별하여서 자연적으로 범죄자들에 자손들은 감소되도록하여서 태어나지않는 좋은현실을 택하여서 살도록 가정교육과 교양교육을여러분들은 받았으니 실제로 행동하면서 살아야 잘됩니다. 성경전서에 에스겔 33장 12 절에서 16 절까지를 기록하여보면 ; 하나님 야훼께서 에스겔에게 말씀하시기를 : 인자야 너는 너에 민족에게 알리기를 의인은 범죄하는 날에는 그 의가 구원하지못하며 악인은 그 악에서 떠나는 날에는 그 악은 그를 엎드러뜨리지못할것인즉 의인은 범죄하는날에는 그 의로 인하여는 살지못하리라, 가령 나는

4

의인에게 말하기를 너는 살리라하였다하자 그가 그 의를 스스로믿고 죄악을 행하면 그 모든 의로운 행위가 하나도 기억되지 아니하리니 그가 그 지은 죄악중에 그중에서 죽으리라, 가령 나는 악인에게 말하기를 너는 죽으리라 하였다하자 그가 돌이켜 자기의 죄에서 떠나서 법과 의 (義) 대로 행하여 전당물을 도로주며 억탈물(抑奪物)을 돌려보내고 생명에 율례를 준행하여 다시는 죄악을 짓지 아니하면 그가 정녕 살고 죽지않을찌라 그의 본래 범한모든죄가 기억되지 아니하리니 그가 정녕살리라 요는 법과 의를 행하였음이니라 라고 하라.

성관계를 생리시작날짜에 10일 전과 생리끝난날짜부터 10일 후에 성관계를 하면 임신을 할수있는 가능성은 높다고합니다. 그러니 자녀를 두지않아야하는사람들은 그 시간에 성관계를 하지말아야합니다. 인구조절과 성관계조절을 잘하여야합니다.

일본어에 가나 에는 히라가나와 가다가나 가있는데 발음은 다음과같습니다;   아이우에오,   가기구게고,   사시스세소, 다지즈데도, 나니누네노, 하히후헤호, 마미무메모, 야유요, 라리루레로, 와오응은.

한국어발음은 다음과같습니다; 가나다라마바사차카타파하, 아야어여오요우이에.

여러분들 육백니십육년만에 옳바른교육받았으니 기부하십시요. 기부금도받습니다.

순빌더스 (주). 더 라잇쳐스 시빌리안스 가에단스 (주). 더레지슬레숀오브 더 유니버스(주). 대표회장 최준호 기록하고 알림. The Managing Director of; Sunbuilders Pty Ltd. The Righteous Civilians Guidance Pty Ltd. The Legislation of The Universe Pty Ltd.

From; Jewn Ho Choi.

Jewn Ho Choi

Office Address; Unit 13, 18 Swan Lake Crescent, Calamvale, QLD 4116, Australia.

Telephone Number; +61-(0)7-3123 2832. Mobile Phone; +61-(0) 402 375 976.

Electronic Mail; <u>Jewnhochoi@yahoo.com</u>

서기 2013 年 9月 15日 기록함.

지혜를 배우며

지혜를 배우며 지혜있는 삶을 살며는 인생은 좋아집니다, 누구인가 아직도 운명을 믿느다고 하였는데, 운명에 너무의지하지말고 타고난것을 믿으세요. 타고난것은 우선건강을 몸에 좋게하기위하여서는 최대한으로 노력하여야합니다, 건강은 모든재산에 기초가되며 기본되기때문입니다. 그리고 건강하지않으면 옳바른 생각과 옳바른 행동을할수없기때문입니다.

여러층에 친구를 사귀면 성공에 지름길로 가게되는것입니다. 그대는 한사람하고만 사회생활을 하여서는 안됩니다. 한사람하고만 사회생활을하려고 하여서는 안됩니다.

금기식품을 먹지말고 금기식품을 성경전서에 나와있는 하나님께서 먹지말라고 하였던 금기식품도 먹지않아야합니다. 영지버섯 식품을 먹으면 각종 암들은 치료되며 각종 질병을 치료되며 비듬 버짐 습진 도 없어지고 항시건강한 피부를 유지하여줍니다, 그리고 항암 작용을 하여서 질병에걸리지않게하며 신체 몸에 항시 약알칼리성에 상태를 유지시켜주어서 항시 경쾌한 신체에 건강상태를 유지시켜서 건강한 생각과 건강한 행동을 하게하여주어서 공부하는 사람과 직장생활하는 사람과 사업하는사람들과 모든사람들에 사고 방식을 옳바르게하게 하여주며 항시 기분좋게하여줍니다, 그래서 대인관계를 좋게하여줍니다. 교육을 학교에서만 받는것으로 알고있는 사람들은 융통성 없는 꽉막힌 사람으로서 인성에 발전없는 삶을살게됩니다. 얼굴모습 똑같은 사람은 한사람도없으며, 쌍동 형제도 모습은

약간다릅니다. 돼지에서는 돼지만 태어나는것은 분명합니다 그것은 실제입니다, 그러나 사람은 교육에 따라서 그 교육에 빠져서 취하게 되여있습니다. 이념에도 빠지면 남에재산을 탐내는 근본적인 탐욕에서 시작되는 아주못된 공산주에 같은 이념에 빠져서 잘못되며. 금기식품에도 빠져서 먹게되면 끊지못하고 계속 먹거나 취하여서 계속하여서 잘못되는 현실에서 살게됩니다. 금기식품을 먹는것은 습관되어서 그런것아니라 그 맛에 습관들여져서 쉽게 끊어버리지못하고 계속하여서 먹게되는것입니다, 많은사람들은 그렇게하다보면 수요가늘어나고 시장성생겨나서 생활화가되어버리고 그러한 잘못된 문화와 잘못된 문명을 형성하면서 살게되어서 엄청나게 크나큰 잘못된 문화와 잘못된 문명을 조성하며 살면서 그러한 비상식들은 마치 상식화되어서 살게되는 폐망에 현실은 지속되는 잘못된 불행한 사회 생활되여버리는 것입니다, 그리고 그러한 잘못된 생활들은 보통으로서 여러사람들에게 보통 상식으로 받아들여져서 상식화되어 살아가게되는 불행한 앞날에 사회가 형성되어서 그러한 잘못된 문화와 문명들은 수십년 수백년을 두고 지속되는 불행하게 인간들의 신체건강과 인성을 황폐시키는 잘못된 문화와 잘못된 문명 을 조성하며 살게되는 끔찍한 생활들되게되는 것입니다. 인생에서 가장 중요한것은 건강한 사람인가 입니다, 정신과 신체는 건강한 사람인가 가 가장중요하며 사고방식을 어떻게 교육시켜야 또는 어떤 교육을 받아야 진정한 신체와 정신은 건강한가 그것은 중요한 받아야할 교육입니다.

여러분 금지 금기 식품을 먹으면 돈 낭비되고 질병에 걸려서 가난하게됩니다. 그래서 정신과 신체는 질병에 걸리며 생활을 궁핍하게 만들어 패망에 길로 가게합니다. 정신과 신체가 건강하지못한 사람에 생각과 행동에서 나타나는 영향을 받게되는 여러분들은 아주나쁜 결과를 가져오는 좋지못한현실을 가져오는 옳지못한 영향을 주고 받게됩니다, 그래서 가정과 가족과 사회에 언뜻듣기에는 달콤한말인것처럼 달콤한것인것처럼 생각되지만 그것은 여러분들을 옳게되게 생각하여서 하는말과 행동아니라 여러분들과 사회에 악영향을 끼쳐서 패망에길로 가게됩니다. 옳지못한 사상또는 옳지못한 행동에 빠져서 금지 금기 식품을 먹으면 패망에 길로 가게 되여있습니다.

여러분 여러층에 사람들을 친구로 사귀면 좋습니다. 한사람하고만 사회생활을 하지않아야 성공적인 삶을 살아갈수있습니다. 친구는 년령도 구별없고 직책도 구별없어야합니다. 친구에뜻은 친한 사람을 뜻합니다. 그러나 성년되지않은 년세에있는 사람들에게는 친구를 잘선택하여서 친하게 지내야합니다, 그것은 잘못된 말을 친구에게 듣고 잘못된 생각에 빠져서 수십년을 살게되어서는 안되기 때문입니다, 잘못된 사람에말을 친밀하게 받아들여서 생각과 행동에 자리잡게하여서는 안됩니다, 그래서 옳바른 교육은 필요하며 옳바른 것을 마음대로 선택할수있고 옳바른 것을 마음대로 지향할수있는 현실에서 여러분들은 살고있습니다. 그리고 여러분들은 돈 많든 적든지간에 또는 잘살든지 가난하든지간에 옳바른 생각과 옳바른 행실을 할수있는 자유가있습니다, 그러한 자유를 누리면서 살아야합니다, 그리고 옳지못한 생각과 옳지못한 행실을 하는 자유를 누릴려고하며는 그대에 인생은 패망에 길로 가게되여있으며 그러한 사람은 절대로 성공적인 삶을 살아갈수없습니다. 사람들은 음식으로만 살아가는것은 아니다 라는 말은 예수님에 말씀입니다, 그말씀은 옳은 말씀입니다, 예수님은 여러사람들에게 빵으로만 살아가는것 아니다라고 말씀하셨으며, 그자리에 모여있던 군중들은 예수님에게 이스라엘 Israel에 국민들에 왕 하소서 라고 군중들은 말하자 예수님은 아무 말없이 혼자 산으로 올라가셨습니다.

사람들은 생각과 그생각에서 나타나는 행동으로 살아가게되여있는것입니다 요말은 제가 영원한 지식에 말씀으로 모든 인간들에게 한마디로 줄여서 지식에말씀으로 여러분들에게 하여주고있는말입니다 영원하게.

여러분 들은 역사에서 살인하고 도적질하고 반란을 일으켜서 가칭 정부를세워서 도적질하였던 모든 재산을 회개하고 금리를붙여서 원래주인들에 자손들에게 되돌려주었을때 에도 피해는 모두회복 될수없습니다 그리고 사람들과 하나님에게 용서받을수도없습니다. 고려 Ko Rea 18대 국왕님 의종 임금은 서기 1173 년도에 정사 를 돌보는것을 소홀히 하였더니 사람들은 국왕님만 믿고 의지하고 살면서 정사에 소홀한 의종 임금을 살인범죄자 리의민 은 국왕님 의종 임금을 죽인 범죄행위는 시간 지났다고 하여서 죄가 없어지는것아닙니다. 서기 1387년부터에 리방원과 리성계 에 살인범죄행위와 도적질 약탈과 반란 등에 범죄행위 죄도 절대로 없어지는것아닙니다 절대로 용서 받는것아닙니다.

서기 1173 년도에 리의민에 살인범죄 행동을 보면; 고려 Ko Rea 제 18대 국왕 의종 임금은 정사를 돌보러 경주에 방문하였는데 경주에서 어떤 사람은 리의민에게 길을막고 말하기를 "국왕 의종임금은 경주에 고을 사람들에 의사로 경주에 온것아니라 순석과 인준에 말미암아서 경주에 온것입니다" 라고 말하면서 "국왕 의종 임금에 무리에 숫자가 수백명에 불과하여서 오합지졸이니 그 괴수 의종 임금만 제거하면 나머지 무리들은 모두 무너져서 달아날것입니다, 조금동안만 머물러주면 내가 돌아가서 반란을 도모하겠으니 경주고을 사람들에게 죄주지 말기를 원할뿐입니다" 라고 말하니 졸개보다못한 쫄장부 리의민은 말하기를 " 나 리의민 있으니 근심하지 마시오" 라고 말하였다, 그러자 그 경주 고을사람은 경주고을 안에 들어가 여러군중들에게 역적모의 하는 말을하기를 "의종임금에 총애를받는 순석에 무리는 지금 의종 임금께서 보낸것아니니 죽인들 무슨해로을것 있겠는가" 라고 말하였으며 밤에 군사들과 함께 포위하여 공격하여 수백명을 살인하고 국왕 의종임금을 객사에 감금하여 사람을 시켜서 지키게 하였으며 겨울철에 10 월 초하루에 경신일에 리의민을시켜서 입성하게하였다 그리고 국왕님 의종임금을 끌어내어서 곤원사 북쪽 연못가에 어르러 술 두잔을 의종임금에게 드리고 그 리의민은 의종임금에 등뼈를 부러뜨리니 반항하지않고 뼈가 부러지는 소리가 들렸다 그 소리를 듣고 리의민은 큰소리로 웃었다 그 때 박존위가 요 (담요, 또는 덮는요) 로 의종임금을 싸고 2개에 무거운 가마솥을 마주합하여 그 가마솥 속에 넣어 연못속에 던졌다 그때에 갑자기 회오리 바람 일어나 티끌과 모래가 날아오르니 반란을 일으켰던 모여있던 사람들은 모두 부르짖고 떠들며 흩어졌다, 그때에 절에 중들 가운데에서 헤엄잘치는 자가있어서 가마솥은 가져가고 의종임금님에 시체는 버렸다. 의종임금에 시체가 물가에 버려진지 며칠되어도 물고기, 자라, 까마귀, 솔개 따위가 감히 의종임금에 죽은 시체에 접근하지 못하였다. 그후에 부호장 필인과 여러사람들은 비밀히 관을 갖추어서 의종임금에 시체를 물가에 받들어 매장하였다. 여러분 이스라엘에 국왕 다윗은 350 명에 아내를 거느리고 살았었으며 그 다윗에 아들 이스라엘국가에 국민들에 국왕 솔로몬 은 750 명에 아내를 거느리고 살았습니다. 여러분 숫자가 적거나 힘부족하면 살인범죄행위와 도적질범죄행위등을 서슴치않고 행하는 졸장부들은 앞으로는 그러한 졸장부들있으면 타일러서 다시는 그누구도 그러한 범죄행동을 하지 않도록 하고 못하도록하여야 합니다. 여러분 의종임금께서 주색에 빠져서 정사를 소홀히하면 친척 중에서 다른 분으로 국왕님에 직책을 교체 하도록 요청하고 권고 하여서 국왕에 직무에 옳바르게 충실하도록 하였어야합니다. 그렇지않으면 주색을 하지않도록 권고하여서 옳바르게 정사에 충실하도록 하였어야합니다. 그래서 살인을하고 반란을일으킨 범죄자들을 절대로 용서할수없습니다. 회오리 바람은 누가 일으켰을까요? 하나님께서 일으키셨습니다. 여러분 어떤일 있어도 살인하여서는 안됩니다 그리고 핍박하여서도 안됩니다. 그리고 또 반란을 일으켜서도 안됩니다. 살인을 하지말라 도적질을하지말라 는 말은 그 십계명은 하나님께서 기원전 1450 년도쯤에 모세에게 말하여서 모든 사람들은 십계명을 지키면서 살아가도록 말씀하셨습니다. 의종임금 께서는 주색은 즐겼어도 간음 하지는 않았습니다 단지 여러 아름다운 처녀들을 사랑하고 색스도하고 함께 주색을 즐겼던것입니다. 그 처녀들은 모두 왕비들 였었습니다. 예수님은 이스라엘에 국왕님 다윗에 손자로 태어났으며 예수님에 모친 마리아도 다윗에 자손인 레위에 손녀로 태어났습니다. 그리고 예수님은 아주 부유한 집안에 자손였으며 예수님 모친 마리아에 남편 요셉도 다윗에 손자입니다, 그래서 그 요셉도 목수일을 하면서 아주 부유하게 잘살았었습니다, 그러나 그때당시에 이스라엘 Israel은 로마 군인들에 침략을 받아서 점령되었으며 그것은 반란군들과 애굽 Egypt 여인에서 태어난 혼혈아들 때문에 민족의식에 결집 부족함으로 말미암아서 많은 어려움을 당하고 살던 시대였습니다. 그래서 국가와 민족의식을 연속하고 되찾기 위하여서 예수님께서는 나는 이스라엘 Israel 에 왕으로 태어났으니 나를따르라고 말씀하셨었습니다.

영지 식품을 먹으므로서 여러분들에 건강을 유지하고 그래서 영지식품을 고려 Ko Rea국민 식품으로 지정하였으며, 영지식품을 먹기때문에 여러분들은 재산을 탕진하지않게되며 재산을

지키게되며 하고져하는일들을 잘할수있게되어서 모든면에서 만족하게되며 질적으로 양적으로 발전하며 그래서 여러분에 가정과 가족과 경제에 기반을 두며, 또한 현시대에 인간들에 삶에 질병과 경제적으로 어려운 환경과 어려운 현실에 처하여지게하는 공해 물질에 원료와 연료문제를 해결하기위하여서 천연 가스 를 사용하여서 항시 현존하는 현제 세계 각국가에 모든 사람들과 우리 고려 Ko Rea (Korea) 국가에 국민들도 될수있으면 천연가스를 사용하게하여서 대기공해를 줄여야하겠습니다.

여러분 많은 사람들중에서 잘못교육받고 잘못 된 생각에 빠져서 살아가는 것중에 한가지는 부유한 사람들을 좋지않은 사람들로 생각하는 공산주에 자들과 같은 생각과 행동을 하는것을 그러한 생각과 행동을 하는 사람들에 머릿속에서 뿌리채 뽑아 버려야합니다. 재산많으면 관리비용도많고 지출도많아서 항시 많은 돈을 기지고 있지않으면 안되는 어려움에 처하여지게되며 자본으로 생산업과 여러 분야에 에 투자하여서 사람들에 삶에 도움을 주며 살게되여있으니, 부유한 사람을 시기 질투는 하는 심리는 뿌리채 뽑아버려야합니다. 그리고 사람들은 부유하게살아야 좋습니다. 그리고 부유한 생활을 지향하는 생각과 행동은 아주 좋은것으로 하나님 야훼께서 제일 좋아하는것입니다. 하나님 야훼께서는 추수할때에 농토에 흘린 벼삭을 줍지말고 가난한삶들 줏어가게놔두라고 하면서 한번 추수하면 다시

12

그농토에 다시가서 거두어들일것없나 둘러보지말라고 하였습니다, 그리고 농토에 논밭에 가장자리끝 까지 모두 추수하지말고 끝에는 낫을대지말고 남겨두어서 가난한사람들 배어다가 먹을수있도록 가장자리 까지 모두 배어버리지 말라고하였습니다. 그러니 하나님 께서는 기업인들또는 부유한사람들을 또는 농부들을 얼마나 좋게 생각하는지 잘알수있습니다. 여러분 힘들게 얻은 소득으로 잘못된 상품을 생산하는데에 돈을 소비하지 말아야합니다. 그 옳지못한 상품 또는 잘못된 상품은 생산자를 죽이며 소비자도 죽이며 경제도 죽이는 좋지않은 결과를 가져오게되여있습니다 그리고 잘못된상품을 생산하여서 자원을 낭비하여서 가족경제와 국가경제를 패망에 길로 가게하는 크나큰 잘못된삶을 살게됩니다.

사람들은 항시 옳바른것을 지향하면서 생활하고 살게되여있기때문에 잘못된 문화와 잘못된 문명은 점점 사라지게 되여있습니다. 그러나 한번 잘못된 것을 받아들여서 상식화되어서 살게되면 수십년 수백년지나가야 없어지는 잘못된 사회가되기 때문에 여러분들은 중요한 현제 시간에 배운것을 신속하게 실행하고 행동하여야합니다.

여러분 사회전체를 부유한 생활되게하는것은 건강에 해로운 물질로된 상품을 만들지말고 생산하지말고 사용하지않아야 건강하고 부유한 현실을 동시에 실현되게 하면서 살아갈수있습니다. 그리고 하나님 야훼에말씀인 십계명과 계명을 지키며 살아가는것입니다.

서기 2013 년 12 월 1 일, 호주 에서 ; 고려 Ko Rea 국가에 국왕님 인종 임금님에 내과의사 최사전에 자손 으로 고려 Ko Rea 국가에 국왕님 태조 왕건 에 외자손 최쥰호 Jewn Ho Choi 알림. Sun Builders Pty Ltd. The Righteous Civilians Guidance Pty Ltd. The Legislation of The Universe Pty Ltd. 회장. 전화 ; +61-(0) 7-3123 2832. 휴대폰 ; + 61-(0) 402 375 976. Australia.

Jewn Ho Choi

전자메일 (Electronic Mail) 주소; Jewnhochoi@
yahoo.com

본인은 여러분들에게 옳바르게 역사에 사실을 알려주고
잘못인식하고 살아가는 사람들에 생각과 행동을
옳바르게하여서 모두들 건강하고 좋은성품 되도록하여주어서
잘살수있는 현실을 되게하는 현실을 기록하고 말하기때문에
그러한 노력에 성과로서 보답도 받습니다.

인사말씀.

영지 켑슐복용으로 치료되는 질병과 치료할수있는 질병과 예방할수있는 질병. 한국인들과 일본인들과 여러사람들에게 요렇게 **영지켑슐을** 소개하게된것을 다행스럽게 생각하면서 영지켑슐에 효능을 알려드리고져합니다. 한국인들과 일본인들중에서도 많은 좋은 사람들도 질병에걸려서 고생하고있는실정입니다. 그리고 좋은 사람들과 보통사람들과 사람들은 질병에 걸리지않고 건강하며 부유하게하는 비결입니다. 아직도 한국에서 가노영지 켑슐을 팔고 있지않았다는 불행한 소식을 듣고 질병으로 고생하시는 여러분들과 질병들을 예방 하여야 하겠 다는 여러분들 많기때문에 그러한 여러분들을위하여 한국에서 영지케슐을 판매 하게된 것 입니다. 건강하지않았던 여러분들 그리고 질병에걸리지않고 건강하여야하겠다고 결심하시며 살아가는 여러분들 희망을가지십시요 회생에 기회가있습니다. 건강하지못하여서 돈을 저축하지못하고 재산을 탕진하며 수입을 올리지못하였다는 그러한 사실을 여러분들은 현제알게되었으며, 그래서 삶에서 첫번째로 중요한 건강하게하면서도 부유하게하는 현실을 여러분들은 알았습니다. 그래서 건강하여야되겠다는 결심을하며 가족들과 하나님과 자신에게 다짐하며, 질병에걸린사람들은 감사하며 질병에서 회복하시며, 전혀질병에 걸리지않은 건강한 사람도 신체기능을더욱좋게하며 질병을 예방하기위하여서 가노더마 켑슐을 저에게사서 드십시요. 여러분 쉽게납득하셔서 감사합니다. 현명한 좋은생활 되시기바라며 개개인들에게 가노더마 켑슐 상품 주문을 받습니다. 호주에서 고려 Ko Rea 국가 국민들에 국왕님 인종임금님에 내과의사 최사전

15

에 자손 최쥰호 알림. 연락휴대폰전화번호; +61-(0)402 375 976. 전자메일; Jewnhochoi@yahoo.com 사무실주소; Unit 13, 18 Swan Lake Crescent, Calamvale, QLD 4116, Australia. 전화; +61-(0) 7-3123 2832. **영지켑슐 복용으로 환자들에 질병을 물리치는 지혜와 치료할수있는 질병과 예방할수있는 질병은 다음과같습니다;** 폐암, 폐염, 간염, 간암, 심장병, 고혈압, 저혈압,정신분열증, 각종 성인병들, 비만, 변비, 너무마른사람, 신장염 (신장병), 옳바른 사람에대한 의심증 (정신분열증에 일종), 비상식을 상식으로 생각하며 살고있는 사람, 종양암, 전립선염, 성생활 불만증, 방광염, 쉽게피로증세, 나태한증세, 머릿속에 중압감있고 우둔한증세병, 남들에 눈치보느라고 옳바른 행동을 못하거나 옳바른 말을 못하는 병, 백혈병, 잡신들린병, 문제해결을 못하는증세병, 신체불구자 증세병, 두뇌와 두뇌신경과 두뇌세포에 불정상과 또는 쇠약하여진상태나 불안정에서 나타나는 신체와 정신질병과 그로인하여 잘못되여지는 생활병, 기타 세세하게 모두말할수없는 여러질병, 자신들에 정신에 생각대로 좋은행동에 옳기지못하는 실제로 좋은 행동을 마음먹은대로 하지못하는 정신과 신체 불안병과 잘못된 생활을 절재하지못하는 잘못된 생활로 나타나는 원인들에질병, 옳바른 말에 화를내며 듣지않는병, 자기가 하고있다고 잘못된 행동과 잘못된 생활과 잘못된 직업에 종사하면서 가면벗겨질까봐서 무서워서 뎁대로 화를 내며 똥뀐놈이 화내는 격으로 우선 수입줄어들까봐서 대들고 싸우려는 잘못된 직업에 종사하는사람들에서 결과로나타나는 오래된 정신 질병. 몸을 아름답게하여주며, 신체에 면역성을 강하게하여주며, 항암작용을하고, 항균작용을 하며,혈액에 혈당성분을 낮춰주며, 알러지를 없애며, 몸내에 독소를 없애며 몸에독소를 몸밖으로 빠져나가게 하며, 두뇌에 그리고 두뇌신경에 산소공급을 증가시켜서 정신을 맑게하고 신경을 강화시키며, 기 분좋은 직장생활을 하게하며 잘하게되며, 기진맥진한 피로를없게하고 생동감을복돋아주며, 영양 성분을 활성화시켜서 높은영양섭취를 복돋아주며, 근본적으로 무기력감을없애며 정신을 맑게 하여 맑은정신으로 깨어있게하며, 맑은정신으로 순발력을 지닌 생각을하게하며 순발력있는 행동 을 하게하며, 말을잘하게하며 하며 말씀을 쉽게하게하며 그것은 두뇌와

16

뇌세포와 뇌신경에 좋기 때문에 그렇습니다, 그리고 정신집중에 좋으며, 기억력도 좋아지며, 뚱뚱항사람 살도빠지며 날씬 하게하여주며 용모를 아름답게하여줍니다. 신비에 영지식품 먹으면 모두 혜택 받은 사람입 니다.

먹는것에서 지켜야할 여섯가지 6계명; 보통시간에 또는 가노더마 (영지) 캡슐복용시에 환자들또는 건강한 사람들은 꼭 지켜야할것 평생동안 지키면 말할것없게 좋습니다; (1) 소고기와 염소고기와 양고기와 닭고기외에 다른종류에 육류고기는 절대로 먹지말것. (2)무슨피든지 피를 먹지말것. (3) 비늘없는 물고기나 비늘없는 물속에 살고있는 물고기는 먹지말것. (4) 야채와 식물과 바닷속에서 자라는 해초들은 즐겨서 자주먹을것. (5) 담배와 술과 마약을 절대로 먹지말것. (6) 약국에서 팔고있는 양약또는 병원의사가 처방하여주는 약국에서 팔고있는 화학약품제조 허가법률에의하여 제조 생산한 약은 절대로 먹지말것.

생활에서 행동에서 지켜야할 아홉가지 9계명; (1) 간음을 하지말라. (2) 살인을 하지말라. (3) 도적질을 하지말라. (4) 남에 재산을 탐내어서 옳바른 행동에 어긋나는 행동을 하게되고 부끄러우니 남에 재산을 탐내지말라, 헛되게 남에 재산에 탐내고 할일을 못하면 시간낭비니까 잠시 부러워 하든지하고 딱 옳바른 정신으로 열심히 옳바르게 살면 좋은 생활을 맞아들일수있을것입니다. 남에재산을 탐내면 옳바르게살지못하고 꼭 크나큰 범죄행위를 하게되며 옳바른 자손을 둘수가 없습니다. (5) 동성연애를 하지말라. (6) 가까운 친척간에 성행위를 하지말라, 아마도 약 친 8촌까 지는 결혼을 하지않아야할것입니다. 그런데 성경전서를 보면 다윗은 다른 사람에 아내와 간통하여 그여자가 임신하였더니 다윗은 그 간통하여 임신한 여자에 임신하게한후에 그녀에 남편을 살해하고 그 살해된 남자에 아내와 결혼하여서 그임신한 아기를 낳아서 그아기에 성명을 솔로몬 으로 부르며 여러명에 본처에 아들들을 제쳐두고 그 간통하고 살인하여서 낳은 아들 솔로몬을 이스라엘에 왕 직책까지 물려주어서 그렇게하여서 그에 자손들 잘되겠나 지켜보았더니, 그 솔로몬에 먼훗날 자손은 예수라 그리고 그 훌륭한 예수는 말하기를 너희들중에서 죄없는 자들은 나와서 간음한 기생을 창녀를 돌로치라 하니 모여있던 사람들은 모두 물러갔었으며, 또 예수께서는 말하기를 예수나는 죽음으로서 어린양죽여서 야훼(여호와) 께 제사드리는 것을 대신하여 예수를 살아있는 채로 잡아서 죽여서 양과같게 죄를 씻기위하여서 제사를드린것아니라, 12 제자중에 한사람은 배신하여서 예수님있는곳을 로마군병들에게 돈받고 알려주어서 강제로 예수님은 어찌할수없는 상태로 십자가에서 죽게 되였었으며, 그러나 그 어찌할수없는 상태에서 죽게되였는데 예수님께서 그상황에서 하신말씀은 모든 사람들에 죄를 모두 예수님께서 죽음으로 모든사람들에 죄를 죄사함 받는다라고말하여서, 모든사람들에 죄를 뒤집어쓰고 죽었다가 살아나셔서 살은 채로 하늘로 들리워져서 올라가셔서 그모습 그대로 다시 요땅 지구에 오신다고 하셔서 많은 크리스챤들은 그 예수님 오실날을 기다 리고있는데, 현실적으로 원수를 사랑하지않고 화를 내어서 죽여버리면 원수갚아서 속시원하지만 그렇게 그원수를 죽여버리지못할현실에서 살면서 화만내고 매일 끙끙 알코있으며는 화병생기고 생활을 영위하지못하고 보복에 길에 들어가서 살인을계획한다든지 하는 생활을 하게되며는 옳바른 좋은일 생기지않게되며 좋은 생활되지않기때문에 죽여버리면 법에처벌받으니 차라리 못죽일바에야 용서하여주어버리고 잊어버리고 살면서 좋은 생활을 하면서 살아가는것은 더욱 현명한 생활로 될수있기때문에 훨씬 현실에서 좋은 생활을 하면서 살아갈수있다는 사실을 알아야 합니다. 그것 원수같은 살인자에 자식놈 죽여서 뭐해요? 그냥놔두면 저절로 잘못되어질텐데요. 그래서 그렇기때문에 범죄자들을 용서하고살아가는 것입니다. 그리고 성경전서 히브르서 10 장 30절을보면; 원수갚는것은 하나님 야훼께있으니 하나님 야훼께서 갚으리라 라고

말씀하셨습니다. 그래서 죄인들을 용서하지만 그죄인들은 잘되지않는다는 실제를 성경전서에서 증명하여서 보여주고있습니다. 예수님께서 어쩔수없어서 그러한 상황에 몰려서 정하여진 운명대로 그렇게살고 하늘로 살아있는채로 올라가셨습니다. 그리고 시간안가는 시간없는 곳에서 늙지않는 곳에서 한시간은 여기 지구에 천년과 같은 시간 대에서

예수님은 현재 천사들과 야훼와 함께 살고계시고 있으면서 지구에 다시 재림하여 오시게되실날을 잡고계실것입니다. 그렇지않으면 저에 말은 틀리다며는 성경전서에서 나오는 천사에 말은 틀리게되며, 예수님에 제자들 사도들에 말도 틀리게된다는것입니다. 성경전서 히브르서 9장28절을보시면; 요와같게 그리스도도 많은 사람에죄를 담당하시려고 단번에 드린바되셨고 구원하기 위하여 죄와 상관없게 자기를 바라는자들에게 두번째나타나시리라. 우주에 은하계를 지나면 어디엔가에 좋은세상 있지않겠는지요? 가보지않아서 누가 알수있나요? 짐작만 하고 살아가는거지요. 천사들 살고있는 눈으로 보여지는 장소는있으나 천국으로 말할수있으나 갈수없는 먼곳에있으며 천사들은 창조주 하나님 야훼 (여호와) 에 시중을 들고있다고 성경전서에 쓰여있습니다. 솔로몬은 750 명에 아내를 두고 살았던 사람입니다 그리고 야훼에 말씀을 어기고 이방인 아내를 수십명 거느리고 살았습니다, 그애비에 그자식입니다. 범죄자들을 용서하여주는것은 좋지만 훔쳐간것은 모두 100 퍼센트 되돌려 놓아야 합니다 야훼께서는 금리까지 붙여서 갚아야한다고 말씀하셨습니다, 주인에게 되돌려주어야 용서를 받을수있는것입니다. 예수님 하늘에 올라가신 뒤로 로마에게 점령당한 이스라엘은 그뒤로 약 300 년을 더 계속점령당하였었습니다, 로마사람들은 예수님 하늘로 올라가셨다고 하여서 하늘무서워서 곧바로 로마로 철수한것아닙니다. 신약속전서 마가복음 13장 21 절에서 33절까지를 보면 한문장으로 되여있는데 예수님께서 말씀하시기를 "그때에 사람들은 너희에게 말하되 보라 그리스도가 여기있다 보라 저기있다 하여도 믿지말라 거짓그리스도들과 거짓선지자들은 일어나서 이적과 기사를 행하여 할수만있으면 택하신 백성을 미혹케하려하리라 너희는 삼가라 내가 모든일을 너희에게 미리 말하였노라 그때에 그환난후 해가어두워지며 달은 빛을내지아니하며 별들은 하늘에서 떨어지며 하늘에있는 권능들은 흔들리리라 그때에 인자가 구름을타고 큰권능과 영광으로 오는것을 사람들은 보리라 또 그때에 저가 예수님께서 천사들을 보내어 자기 택하신 자들을 땅끝으로부터 하늘끝까지 사방에서 모으리라 무화과 나무에 비유를 배우라 그 가지가 연하여지고 잎사귀를

Jewn Ho Choi

내면 여름 가까운줄을 아나니 요와같게 너희가 그런일들
나는것을보거든 인자가 가깝게 곧 문앞에 이른줄을알라 내가

진실로 너희에게 말하노니 요세대가 지나가기전에 그 일은
다 이루리라 천지는 없어지겠으나 나 예수에 말은 없어지지
아니하리라 그러나 그 날과 그때는 아무도 모르나니
하늘에있는 천사들도, 아들도 모르고 아버지만 아시느리라
주의하라 깨어있으라 그때가 언제인지 알지못함이니라"
요말은 그때가 그 때에 세대가 지나가기전에 언제일어날지
모른다는 예수님에 말씀입니다. 그러나 예수님에 말씀과
다르게 그 때 세대가 모두 지나갔어도 하늘에서 구름타고
예수님 오시지않았으며 그때에 그 세대가 지나간 후에도
지금까지도 예수님은 구름타고 오시지 않았습니다. 그러나
그 성경에 구절에 뜻은 그때 세대에 사람들 모두 죽기전에
그 광경을 보리라고 말씀하셨으며 그때에 세대 사람들
모두 죽기전에 언제 예수님 께서 구름타고 오실지 모르니
깨어있으라는 말씀였습니다. 신약속 성경전서에서 예수님께서
살아계셨을때에 앞일을 장담하고 하신 말씀하신 가장
중요한 부분에 말씀내용입니다. 그러나 예수님에 예언은
현실과 다르게 예언처럼 되지않았습니다. 요 성전을 모두
허물어라 3 일만에 다시 세우리라 는 예수님에 말씀은 3
일만에 돌을 쌓아서 신축한 좋은 성전은 3 일만에 세우기
어렵지만 천막으로된 성전은 3 일만에 세울수있겠지요.
그리고 요한복음 마지막 구절에 말을보면 요한 께서 말하기를
예수님께서 하신 말씀을 모두 책에 기록하려면 온세상
모두도 그책을 쌓아두기 부족할정도로 책에 분량은 많습니다
라고 비유하여서 말한것을 볼수있습니다 실제로 예수님께서
평생에 아무리 많은 말씀을 하셨어도 큰 집한채 만한
창고에 쌓아두면 모두 쌓을수있을것입니다. 그런데 온세상도
좁아서 책을 보관하기 부족할줄아노라 라고 하였습니다, 꼭
어린애들하는 말같지요? 또 한가지에 또다른 유태인들에
문제는 이스라엘사람들에 선조 아브라함은 실수를하여서
이집트 여자였던 이방인에 첩을 아내로 두었기때문에
이스라엘은 바람잘날없는 혼난속에서 살아야했었습니다,
말없는 가운데 3700 년되는 세월을 풍파에 시달리며
살아갈수밖에 없는 현실을 아브라함은 만들어 놨었습니다.

20

3700 년고생에 끝나는 것아닙니다, 그들 팔레스타인들과 이스라엘 사람들 은 서로 토지 문제로 아브라함에 본처에 유태인에 자손들과 이방인 첩에 자손들간에 싸움은 언제끝날지 두고볼 일입니다 그러나 아브라함 살았을때는 야훼께서 이방인과 결혼하지말라는 이방인들을 가깝게하지말라는 말씀을 모세에게 계명으로 말씀하시기전에 아브라함은 살았기때문에 아브라함과 아브라함에 아내 유태인 사라는 이방인과 결혼 하는것은 그렇게 혹독하게 나쁜 것인지를 모르는 시절에 살았었습니다. 예수님 하늘로 올라가신지 약 1976 년되였는데 모든사람들에 죄를용서하라고 하였는데 사람들은 용서받기위하여서 범죄행위들을 시인 하지않고 죄를 회개할줄모르고 계속 범죄행실들을 정당화 시키면서 살아가고있는 범죄들에 자손들있습니다. 용서를 받을려면 범죄행위한것을 실제로 잘못했다고 모든사람들에게말을하고 행동으로 피해준것을 되돌려주어야지요 그렇지않은가요? 그렇지안으면 다른 실제예를 들어서 말하지요, 내일 또는 일주일 후에 누가 당신에 아들과 당신에 남편을 죽였습니다 그리고 집을 빼았았습니다 그러면 당신은 그 집을 되돌려받지않고 범죄자를 용서하고 살아야되겠네요? 목사에게 물어보십시요 어떻게 살아야 하는지 모래와 일주일후에는요, 내일 또는 일주일후에 살인하고 집훔친사람이 돈같다가 교회에 줄일있나요? 용서하라고하게? 용서는 하지요 그러나 그집은 범죄자에 것되여서 범죄자는 기도하면서 눈치보면서 얼굴에 가면을 쓰고 살아가듯 살아가겠지요 그리고 법적으로 아무런 처벌을 받지않겠지요? 그렇지않아요 ? 용서했으니까요. 그런데 예수님께서 죄인을 예수님 당신께서 모두 용서하셨다고 말씀하셨는데 예수님 태어나기 1450년전에 야훼께서 살인을 하지말라고 한번 모세에게 말하였습니다 그래서 부모나 선조나 자식을 죽인 범죄자를 용서하려면 원수를 갚지말라고하였듯 살인을할필요가없어지는것입니다 그것은 원수를 갚을려면 살인을 하여야하기때문에 야훼께서 원수를 갚지말라고하였습니다 그리고 원수를 갚을려고 마음먹으면 실생활을 제대로하고 살아갈수없기때문에 현실과 알맞지않은것입니다, 그래서 왜 원수를 갚지 않아야하는지 줄줄 설명을 하지않았지만 야훼말씀대로하며 살아야합니다 그래야 좋게됩니다. (7) 화학 약품으로 오염된

음식을 잘구별하여서 사먹지말고 또 농사지을때 화학약품
을 식물에 될수있으면 뿌리지않고 농사일을 하여야하며.
(8) 술을 먹지말라고 하였으면 술을 먹지 않아야지 왜
술을 먹으면 안되는지를 알려고 하는 정신분열증세에
사람들처럼되지말아야함, 왜 술을 먹지 말라고 하였냐며는
술먹으면 알콜성분때문에 신체에 아주좋지않기때문에
술을 먹는 순간부터 좋지않은 일 생기게되는것입니다,
그래서 여러분들 좋게되라고 술을 먹지말라고 하였습니다,
술을 먹으면 다른사람들까지도 좋지않게하기때문에 술을
먹지않아야합니다. (9) 여러분들은 돈있으면 재산있으면
몸에 투자하십시요 건강을 좋게하는데에 투자하십시요,
그것은 돈들어가는것같지만 돈 가장적게들어가는 성공의
지름길입니다, 그래서 영지 캡슐을 사서 먹으세요. 다른커피
마시지말며 영지커피 마시세요. 신선하고 신비한 **영지캡슐과
영지커피 가격; 가노카페 트리인완** (GanoCaf☒ 3 in 1)
$13, $20. **가노카페 클라식** (GanoCafe Classic) $16,
$22. **가노쵸콜레이드** (Gano Schokolade) $17, $22.
수프리노 **프리미움 커피** (Supreno Premium Coffee) $19,
$23. **올리프가노 루이보스 드링크** (Oleaf Gano Rooibos
Drink)$12, $18. **가녹리얼 스피룰리나** (Ganoc Real
Spirulina) $13.20, $19. **가노더마 캡슐** (Ganoderma
Capsules) $66, $83. **엑셀리움 캡슐** (Excellium Capsules)
$44, $59. **가노비누** (Gano Soap) $15.40, $20. **가노 치약** (
Gano Fresh Toothpaste) $8.80, $12. **적은금액은 멤버가격.
서기 2013 년 10월 가격표.**

사먹는 사람들에게 돌아가는 혜택은 신체건강하게 되는것과
그로인하여서 저축되는 돈과 재산들은 안전한 생활되여서
잃지않고 지켜나가고 번영되며, 병들어서 평생모은 재산
병원에 갔다바치고 치료도되지않는 일도없게되며, 많은돈을
들여서도 치료되지못하는 질병을 치료하여서 질병걸려서
할수없고 지장받는 모든 생활과 가족관계를 좋게하는 엄청나게
간접직접적으로 좋은 일을 혜택으로 받게됩니다.

질병만 간단하게 치료되었다고 생각하지말고 질병치료되여서
잃어버리지않고 경영하며 돌보며 좋아지는 생활과 인생에

삶에 엄청나게 많고도 좋은 영향을 받게되여있어서 정말로 좋습니다. $ 31주고 멤버로 가입하여서 여러분들 일개월에 $100어치씩 계속 사먹고 멤버로 가입하여서 3 명을 가입시키고, 그 3 명은 각자 한사람에 3명씩을 가입시켜서 그렇게 7 단계까지 가입시키면 ; 멤버로 가입된 합계인원은 3,279 명되며, 혜택으로 보너스를 받게되는데 그보너스는 일개월에 $27,375. 으로 아주많은 수입을 올릴수있습니다. 그렇게 못하고 적은 인원에 멤버가 가입되는 과정에는 계속 가입시킨 멤버에 인원만큼만 보너스를 매월 받게되는데; 자기가 사서먹는거나 파는것은20%, 첫번째 단계에 멤버 에게서는 20% 보너스가나오며, 그 첫번째 단계에 사람들에 의하 여서 가입된 두번째 단계에 멤버에게서도 매월 한사람당에 5%씩 붙어나오며, 그 두번째 단계에 사람들에서부터 그렇게 여섯 단계까지 가입된멤버 에게서는 5% 씩 붙어 나오며, 마지막 여섯단계에 멤버들에 의하여서 가입된 7 번째 단계에 사람들 에게서는 10% 씩 붙어서 당신에게 나옵니다. 그런데 3 명밖에 가입시키지못했으며 그 세명은 첫번째 단계며 한명도 그사람들은 한명도 가입 시키지 못했다면 전체 가입된인원은 3 명으로서 보너스는 매월 $ 60 씩 나옵 니다. 엘리트 멤버는 일개월에 적어도 $100 어치씩 팔거나 사먹는 사람을 말합니다. 그리고 그 3 명에 멤버가 각각 2 명씩 그사람들밑으로 가입시켰다면 모두 6명으로 한사람에 $5 씩하여서 합계 $30 됩니다, 그래서 보너스 가 매월 합계 $90 나옵니다. 그러나 시간 가면서 그 $90 에 멈추어있지않고 계속하여서 많은사람들 멤버로 가입되게 되여있 습니다, 그것은 건강에 좋은 신비에 약용식품으로 계속하여서 새로운 사람들 멤버로 가입하여서 행복한 삶을 살기위하여서 혜택받기 위하여서 사먹기 때문입니다. 그래서 다른사람들에 질병을 치료하고 혜택을받도록 하여서 좋은일을하는 자부심을 가지고 느끼면서 살아갈수있습니다. 사람들소개하여서 영지켑슐, 영지커피, 영지 쵸콜릿차, 영지인삼당귀차, 영지녹차 들을 사먹게 하는 좋은일을 하기때문에 보너스를 받는것은 당연합니다. 그리고 잘살게되는 秘法 (비법) 입니다.

한국과 다른나라에서도 질병으로 죽어가는사람들은 숫자를셀수없을정도로 매년 엄청나게 많습니다 그런사람들에게 모두 질병으로 죽지않게 혜택을 줄수있습니다. 그러한 살람들은 재산을 탕진하고도 치료도못하고 죽게되지만 앞으로는 질병을 치료하고도 재산을 탕진하지않고 부유하게합니다. 여러분 소잃고 외양간 고친다는 식으로 의료보험과 의료정책에 엄청나게 돈을 쏟아부어도 안되며 계속 빚만 눈덩어리처럼 불어나고있는실정입니다. 그것은 근본적으로 병을 안걸리게 하지못하였기때문에 그러하며, 한번 질병에걸리면 치료되는 사람없으며 장기간 환자로 평생을 불행하게 살아야하기때문에 의료정책은 밑빠진 독에 물붙기식으로 되여있으며, 복지정책도 밑빠진곳에 물붓기식입니다. 그러나 앞으로는 가노더마로 튼튼한 스텐레스 항아리에 물붓기식으로 절대로 물은 새어나가지않으며 물은 붓는데로 또다른 스텐레스를 마련하여서 그깨끗한 스텐레스 항아리에 물을붓는것과같아서 물채워지는것처럼 항시 건강한삶을 살게되며 그로인하여서 모든분야에서 깨진독없게 잘되기때문에 물채워지는것처럼 부유한 삶을 살게되며 재산은 넘쳐나게되는것입니다. 그리고 가노엑셀 영지상품을 먹고 다른사람에게소개하여 먹게하는 생활하면 저절로 보너스가 매월들어오기때문에 교육사업으로도 좋고 소득사업으로도 많은 소득을 올리게되여서 보너스만 받아도 그것만으로도 부유하게됩니다. 자녀 교육에 좋다는것은 자녀가 몸신체 건강하면 공부잘하게되어서 투자한 보람있으며 새로운 스텐레스 항아리에 물붓는것처럼 평생동안 또 자손들까지 대물림하여서 소득과 건강을 보장하여주는 홈 비즈니스 가정경영입니다. 대학에서 경영학과 나와봐야 소를잃는 일같은 일있으면 가정경제는 파탄에빠지게되며 불행하여지는 길을가게되며, 국가경제도 파탄에 길을 가게되는 결과입니다. 그래서 소없는데 외양간 고쳐봐야 필요도없으며 외양간 고쳐놓으면 또 소를 잃게되는 세월을 살게되기때문에 살면서 계속발전있는 삶을 살게되는것아니라 힘들고 역경에처하고 어려운 삶을 살게되어서 잘못되어지게되기때문에 그러한 길을 가는 삶을 살지말고. 스텐레스 항아리처럼 영원하게 깨지지않고 물을 붓는 대로 깨끗하게 담아서 끊임없게 물을 채울수있으니 가노 엑셀 영지상품을 밥먹듯하고 다른사람에게도 소개하여서 다른사람들도 그렇게 좋게하여주어야 잘되며. 가노더마 영지상품 사먹는것은 일개월에 $100 어치 사먹기때문에 많지않은돈을 투자하여 사먹고 동시에 저절로 수입을 올리게되는 비즈니스며 그래서 하기쉬우며, 보통커피 마시는 사람들에게 가노 엑셀 영지커피 마시게하고 영지홍차, 영지 쵸콜렛, 영지인삼당귀차 마시게하면 저절로 좋은일하면서 건강하고 부유하며 좋은일하게되어서 좋은일만생기게되는 생활입니다. 그러한 생활을 하면 가족과 가정과 국가와 국가경제도 항아리에 깨끗한 물붓으면 붓는데로 한방울도 새지않고 넘쳐나게되어있습니다 건강과 돈은 그렇게 물처럼 넘쳐납니다, 그렇게하였으니 가노엑셀 영지상품 안먹어도 좋지않은 음식사먹어서 소비되는 그러한돈을 또는 잘못된 버릇때문에 쓰게되는돈과 잘못된 생활습관때문에 잘못쓰여지는 현금과 재산을 옳바른 곳에쓰면 모든면으로 좋아서 국가경제, 가정경영, 가정경제, 가족경제, 회사 경영, 가족복지정책, 가정행복, 국민 복지정책, 환경정책, 국민보건 사회, 모든 비즈니스 들에 첯번째부터 잘되는 원인과 마지막까지 잘되는원인입니다. 여러분 자녀들에게도 요러한재산과 요러한 건강을 물려주십시요 그러면 자녀들은 걱정없는 잘되는 삶을 살게되어있습니다. 여러분 절대로 다른 군것질을 하지않게하시고 가노엑셀 영지 쵸콜렛, 가노엑셀 영지커피, 가노엑셀영지 인삼 당귀차, 가노엑셀 영지 홍차 를 사먹게하여서 모든면에서 잘되는 그러한 삶을 살아야합니다.

그리고 대기 공해 문제와 에너지 문제로 고통받는 모든국가에 국민여러분은, 천연 까스 발전소나 풍력발전소를 신설하여서 공해를 방지하고 연료도 절감하여야하겠습니다. 그리고 모든 가정용보일러에도 산소까스를 사용할수있으며 또한 나중에는 자동차나 버스에도 천연가스 차를 사용할수있습니다. 풍력으로 전기를 생산하는 시대에서살고있습니다.

긍정적으로 계속 생활하시여서 속히 어려운 문제들을 좋은 현실되도록 하지않으면 안됩니다, 나에 말대로 하지않으면 모든분야에서 밑빠진 항아리를 계속 사용하는 결과를 가져오게됩니다. 여러분 요제는 새로운 영원하게좋은 믿음을 지니게되였습니다. 영지상품 생산양많지않아서 우선 8천명을 선택하여 평생회원으로 선정하여 영지상품을 판매합니다. 8

천명내에들어가서 선택받은사람되세요. 가노엑셀 상품은 한국
국내에 살고계신분들은 한국시장오픈하면 사먹으세요. 그전에
사서 드실분은 연락하면 호주에서 보내드릴수있습니다.

호주에서; 최쥰호 Jewn Ho Choi알림.

호주 연락전화 휴대폰: +61-(0) 402 375 976. 집전화; +61-
(0) 7-3123 2832. 연락 전자메일; Jewnhochoi@yahoo.com
가노엑셀 영지켑슐 영지상품 판매원 Gano Excel Distributor
ID : Au 236 1806

범죄행실하면 용서받지못한다.

범죄행실하면 용서받지못합니다, 용서받을려면 회개하고 피해복구를 하여주어야하며 피해보상을 금리 (이자) 를붙여서 하여주어야합니다. 그것은 하나님 야훼에말씀입니다. 그런데 종말론을 믿으면서 종말온다고 하면서 범죄행동 하여도 범죄행실하여도 용서받는다는 말과행동을하여서 종말과 같은 말세에 세상을 살아가는것처럼 되게하려는 사람들있습니다. 종말론은 맞다는 것을 증명하려고 범죄를 부추기며 원자폭탄을 만들어서 어렵고 힘들고 아름답게 귀하게 창조한 아름다운 지구에 자연을 훼손하고 파괴하는 것을 만들면 좋아하면서 원자폭탄을 사용하여야한다고 하는 범죄생각을 한다든지하는 그러한 종말론에 알맞게 살아가는 사람들에 실제생활태도는 옳지못합니다. 그러한사람들은 잘못된 사람들입니다.

죄를 용서 받기위하여서 예수님을 살아있는채로 소나 염소나 양처럼 제사를 드렸으니 사람들에 죄가 모두 씻어졌다고 용서받았다고 하면, 그때에 당시에 예수님 살아있을 때에 죄를 짓고 살던사람들에 죄는 씻어졌는지모르나, 예수님 재사물 되어서 죽은 후로 범죄행실을 하면서 사탄들 좋아 하는 행동을 하면서 예수님 하늘로 가신후에 죄를 짓고 살은 사람들에 죄도 용서받았다는 말은 현실과 맞지않는 것입니다. 일주일후에 살인하고 집을 빼았고 돈을 훔쳐서 살면서 버젓하게 살면서 모든 죄를 용서받았다면서 살며는 그러한 세상은 곧 종말과 같은 세상입니다. 그러면 어떻게 하여야됩니까? 라는 질문에 답은; 범죄행실을 하였으면 도적질한 집과 물건과 돈을 주인에게 되돌려주어야합니다. 주인 죽어서 없으면 주인에 가족들에게 되돌려주어야하며, 가족들없으면 자손들에게 되돌려주어야합니다. 그렇게 피해보상을 하여줄때에는 금리 (이자) 까지붙여서 하나님 야훼 에 말씀대로 그렇게 피해복구를 하여주어야합니다. 그리고는 다시는 범죄행위하지말며 의롭고 법률을 따르면서 살아야합니다.

그렇지않고 범죄행실하여도 그 죄를 용서받으니 걱정할필요없이 버젓하게 범죄자들 잘살아가면 그러한세상은 곧 종말과 똑같은 세상입니다 그러한 세상을 종말로 말할수있습니다, 그러니 종말오게 하지말고 삼일후에 또는 일주일후에 도적질한 재산들은 모두 금리 (이자) 를 붙여서 주인에게 되돌려주어야하며, 용서받지 못하니 범죄행실을 하지말아야합니다. 범죄 행실을 하여도 용서받으니 범죄행실 하여도 괜찮다는 생각과 행동은 곧 그사람에 종말을 뜻하는것과 같은 현상입니다. 여러분 그러니 무엇인가 교회를 다녀도 생활에 발전을 가져오지 못했다는 사람들과 교회를 다녀도 무엇인가 찜찜 한일 있었다라고 생각하시는 분들은 그래서 그런것입니다. 그러한 잘못된 믿음을 가졌었기때문에 교회를 다녀도 아무런 발전없는 오히려 이념에 빠졌다든지하는 더 못된사람소리 듣는 사람 되었었던것입니다. 범죄 행실하여도 죄를 용서받으니 범죄행실을 하지말아야한다 는 말도 현실과는 다른 종말론에 부합되는 종말오게되는 말입니다, 그리고 범죄 행실하면 죄를 용서받지만 범죄행실을 하지말아야합니다 라는 말도 현실과는 맞지않는 종말론에 부합되는 말입니다. 여러분 사탄은 온세상에 종말오기를 바랍니다. 그러나 옳바른 사람들은 지구는 인간들 살아갈수있는 하나밖에 없는 아주 아름답고 고귀하고 소중한 하나님 야훼께서 창안하고 창조하신 좋은 장소로서 파괴하여서는 절대로 안되며, 자연환경을 잘간직하면서 좋은 환경되도록 가장 살기 적합한 최고 좋은 환경되도록 최선을 다하여야합니다. 그래야 땅에 심어서 자라게 하여서 먹는 식물과 가축을 잘되게하여 잘먹고 잘살게되는것입니다.

여러분 사탄은 범죄행실을 하여도 용서받으니 범죄행실을 하여라 라고 범죄행실을 부추기며 범죄 행실들 많은 잘못된 종말같은 세상되게되기를 바라며 살아가는 사람들입니다. 여러분 여러분은 담배를 피워도 다른사람은 안피우면 좋겠다

라고 말하고 행동하여야 옳지요. 여러분 여러분은 범죄행실을 하였어도 다른 사람은 범죄행실을 안했으면 좋겠다 라고 하는 말과 행동을 해야 옳바른 사람되지요.

여러분 범죄 행동을 하면 피해자에게 복구하여주어도 범죄행위 당하기 전에 생활 처럼 좋은 생할 될수없게 되기때문에 범죄행실을하지말고 복구시켜줄수없는 피해를주지 말아야하며. 피해복구시켜줄수있는 범죄행위다 라고하여도 범죄 행실을 하면 시간낭비며 아무 쓸모없는 자신을 죽음에 길로 가게되게하는 길입니다, 그러니 범죄행위를 하지마세요. 하나님 야훼께서 오직 잘알아서 말씀하셨겠어요?. 야훼 말씀대로 원수를 갚지말고 보복을 하지 않아야합니다, 보복은 그것은 시간낭비와 모든것에 낭비입니다 또는 살인을 하게될수도있으며 범죄를 저지를수있기때문입니다. 하지만 범죄자는 절대로 그냥 저절로 죄를 용서받지못합니다. 그러면 예수님을 믿음으로서 죄를 용서받는다는 말은 마음으로는 사람을 또는 원수를사랑하라는 말처럼 용서받을수도 있으나 잘못을뉘우치고나서 피해받은 사람에게가서 돈을 도적질하였으면 돈을 되돌려주고 재산을 도적질 하였으면 재산을 되돌려주고 금리까지 붙여서 되돌려주었을때에야 비로소 용서받는것입니다. 그러나 도적질한것아니고 서로 좋아서 간통을 하였다며는 그죄를 뉘우치고 간통을 중지하고 살며는 좋겠지요 그리고 예수님 말씀믿고 그 말씀대로 행동하면 용서받을수도있지요, 그러나 하나님 야훼 에 말씀을 어기고 또 예수님믿고나서 예수님 말씀대로 행동하지않으면 죄를 용서 받을수없지요. 상대방에게 피해준것 복구시켜서 복구되지않으면 죄를 용서받을수없는것입니다.

간단히 말하여서 일주일후에 누군가가 당신에 남편또는 아들을 살인하고 당신에 집을도적질 하였으면 당신은 그 집을 돌려받지않고 보상받지않고 그 범죄자를 용서하겠어요? 그 범죄자는 예수님 믿는다고하면서 죄를 용서 받았다고 하는데요 그러면서 그 도적질한 집까지 팔아먹고 잘살고있는데요? 법없으면 사람들 살지못합니다. 그래서 법률은 아주 좋으며 소중하고도 중요합니다. 하나님에 말씀을 어기고 범죄행실을 하면 법으로 처벌받게 되여있습니다.

그리고 그 법률은 피해준것 모두 되돌려주고 피해복구 시켜주라는 법률입니다 그래서 법률은 좋은것입니다. 만약에 피해복구 시켜주지못하거나 되돌려주지못할때는 법으로 빼앗으며 교도소나 감옥에 감옥살이를 시켜서 그 죄에 댓가를 받게하여줍니다. 그래서 피해받기 싫으면 범죄행실 하지말고 정직하게 살아야합니다 옳바르게 살아야합니다 그래서 피해받지않을려는 행동으로서 현실에서 범죄행실을 하지않게되지요.

서기 3013 년 11 월 23 일. 고려 Ko Rea (Korea) 국가에 국왕님 인종 임금님에 내과 의사 궁중의사 崔사전 에 자손 崔 俊 豪 (최쥰호) 알림.

Jewn Ho Choi, The Managing Director of The Righteous Civilians Guidance Pty Ltd. The Sun Builders Pty Ltd. The Legislation of The Universe Pty Ltd.

Electronic Mail address 전자메일; Jewnhochoi@yahoo. com 휴대폰 전화; +61-(0) 402 375 976. 사무실전화 Office Telephone; +61-(0) 7-3123 2832. 기부금도 받습니다.

나에 자손들에게, 그리고 高麗 고려 Ko Rea (Korea) 국왕님 왕건 에 자손들에게.

나는 崔 俊豪 (최쥰호) Jewn Ho Choi 나에 자손 들과 高麗 Ko Rea (Korea) 고려 국왕님 왕건 에 자손들에게 전하는 말씀입니다. 나는 서기1992 년과 1993 년도 11 월달에 호주 다윈에서 노던 테리토리 유니버스티 에 재학중에 하나님 으로부터 성령을받았습니다. 나는 특별히 서기 1988 년도부터 성경전서 에스겔 1장 1절에 나오는 하나님 야훼에 영으로된 비행물체가 하늘에서 나타나서 에스겔에게다가와서 여러 말씀을 에스겔에게 전하고 에스겔을 그 영으로된 비행물체에 에스겔을 태우고 하늘을 날아다녔으며, 그래서 나는 그 물체를 항시잊지않고 에스겔도 존중하면서 살았습니다. 그러던 어느날 호주에 다윈에서 그 대학교에서 건축학과를 공부할때에 하나님으로 부터 성령을 받고 나에 정신은 그때부터 보통사람과 다른 찐짜 성령을 받은 사람되었습니다. 그리고 서기 2010 년부터 성경전서를 처음부터 끝까지 세번을 읽었으며 또 서기 2013 년과 2014 년도에는 예수재림 교회를 다니면서 성경 공부를하여서, 성경전서에 내용을 간추려서 잘알고있습니다. 나는 오늘 서기 2014 년 1 월 22 일에여기에 자신있게 나에 자손들과 고려 Ko Rea (Korea) 국왕님 왕건 에 자손들에게 특별하게 말할수있습니다, 그것은 하나님 야훼께서 나에 자손들을 지금부터 영원하게 수백만년 번성하고 번영하게 하여줄것을 믿으며, 특별히 여기호주국가에서 번영하고 번성하게하여줄것을 믿으며 나에 자손들도 그렇게 믿고

31

하나님 야훼에 말씀을 따라서 살아야합니다. 그러면 아무런 어려움없는 번영된 삶을 살아갈수있습니다. 하나님 야훼께서 그렇게 번영하고 번성하게 하여줄테니 믿고살기바랍니다. 그리고 고려KoRea국가 한국에서도 나에 자손들을 그렇게 번성하고 번영하게 하여줄것을 믿으니 그렇게알고 그러한 믿음을 지니고 살아야합니다. 그리고 나는 라이센스드 빌더 기때문에 건축업자 면허를 소지하고있어서 언제든지 집과 빌딩들을 신축하고 소유하고 잘살아갈수있게되여있습니다. 그러니 나에 자손들도 빌더가 되고 건축디자인도 함께하면서 살기바라며 그래서 번영되게 살기바라며, 항시 막고 품는 사업을 하면서 살아야합니다. 그래서 손해나는 일없도록하여야합니다. 영원하게 망하지 않는 사업만 골라서 하여야하며 렌트를 하여서 장사하지말며 건물을 신축하거나 건물을 사서 소유하고 그건물에서 장사를 하고 사업을 하여서 렌트비용걱정하지않는 그러한 경영을 하여야합니다. 그리고 사원들 봉급주고 소득은 많지않아서 사원들 봉급주기 바쁜 그러한 과용 채용도 하지말고 그러한 사원들 봉급주기 바쁜 사업들은 하지않아야합니다. 그것은 사업 또는 장사 안되어도 사원들 봉급주고 나면 소득은 없으면 그러한 장사나 그러한 사업은 하지않아야합니다. 그리고 항시 영지켑슐을 먹기바라며.

나에 자손들은 항시 하나님 야훼를 사랑하여야하며 야훼를 사랑 하는것을 잊지말고 살아야합니다. 그리고 천국에 어디엔가에 실제로 에스겔에게 나타난 하나님 야훼께서 영으로 된 비행물체를타고다니면서 살아계시니 항시 야훼를 사랑하면서 살아야합니다. 성경전서에 내용은 범죄행위하면 짐승을 재물로바쳐서 죄사함을 받던것을 신약전서에서 구약전서에 말씀대로 다윗에자손 왕가족에서 예수를 태어나게하여서 예수가 산채로 재물되여서 죽어서 바쳐져서 모든사람들에 죄를 사함받았으니 짐승을 잡아서 제사를 지낼필요가 없다고하 였습니다. 그리고 예수님을 증거하거나 성령을 받으면 죄사함을 받은것입니다 라고 하였습니다.

  "하나님 야훼에 얼굴모습을 보고서는 살아날자가없나니" 라고 성경전서에 썼있으니 하나님 야훼에 얼굴모습을 보지말고 뒷모습만 보아야합니다. 그러니 하나님 야훼에 음성을 들을때에는 음성만 듣고 하나님 모습은 보지않아야합니다.

서기 2014 년 1월 22일. 호주에서 崔 俊豪 (최쥰호, Jewn Ho Choi) 기록함.

가족 건강 부유 상담소.

Gano Excel Australia Health Wealth Consultant
[Distributor ID; Au 2361806.]

한국 인들에 가족 건강부유 상담소 를 개설하였습니다. 여러분 여러분들에 가족들에 모든 질병을 치료하는 영지켑슐 을 판매하고있습니다. 속히 구입하여서 잡수시고 건강하여져서 여러분에 재산을 지키시고 3명만가입시키면 부유하게됩니다. 질병은 도적놈과 같습니다, 왜그렇냐면 저축하여 놓은 돈을 모두 약값으로 없애고 질병치료도 안되고 하여서 재산을 지킬수없으며 재산을 모을 수도 없습니다. 하는 사업도 하는일도 건강하지못하면 저조하고 잘안되게되여있습니다. 그리고 건강하지못하면 수입좋은 직장 생활을 할수없으며, 다니던 직장도 그만두어야하는 비운에 현실로 부닥치게 되여있습니다. 그리고 다가오는 내일에 발전을 가져오지못하고 잘못된 생활에 연속되는 삶을 살아야합니다, 여러분은 그러한 비참한 운명에 길을 가지말아야합니다. 지금 여러분들과 가족들에 건강에 투자 하여서 투자하면 엄청나게좋은 효과를 실제로 보게되는 현실을 맞이하게되여있으니, 그대로 되니 꼭 현실과 실제를믿고 영지켑슐을 사서 복용하십시오. 영지케슐 구입하는 값에 들어가는돈은 아주 작은돈으로서 엄청나게 큰 좋은효과를 가져오며, 그러나 여러분들 무심코 다른 식품들또는 다른 약값에 또는 다른 건강식품에 또는 술담배 와 기호식품에 소비하는 곳에들어가는 돈 보다 작은 금액에 돈입니다, 그러한 작은 금액으로 엄청나게 큰성공을 하게되는것입니다, 마치 성공을 그돈주고사는것과같습니다. 여러분 그렇게 생활과 삶에

34

지혜있는 훌륭한 사람들되십시요. 각종 암을포함한 모든질병 치료됩니다.

여러분 인생에 성공은 첯째로 건강한 사람인가 입니다. 그리고 둘째는 부유생활을 누릴수있을많큼 건강한 사람인가 입니다. 셋째는 부유한 생활을 되게할수있는일을 할수있는 건강한사람인가 입니다. 여러분 건강하지못하면 모든 수입들도 도적에게 도적질당하여 잃어버린 것처럼 되어버립니다 그리고 절망에 빠진 인생을 살게됩니다.

모든 수험생들과 보통사람들과 환자들은 꼭 필수로 먹어야할 영지켑슐입니다, 영지상품사먹는 지혜있는 삶을 살아서 훌륭한 인생을 살아가는 훌륭한 사람들되십시요. 여러분들 것모습 예뻐지고 아름다워질려면는 속을 건강하게하여야합니다, 그러면 용모는 아름다워집니다. 그러한 현실을 알지만 그렇게 속을 건강하고 좋게하는 약용식품을 찾지못하고 먹지못했기때문입니다. 몇년동안 들어가는 담배값과 샴푸값만 가져도 두뇌를 좋게하고 머리에 피부질도 좋게할수있습니다. 2013 年 11 月 29日 고려KoRea (Korea) 국가에 국왕님 인종임금에 내과의사 궁중의사 崔사전 에 자손 최쥰호 알림. 전화 호주 Australia 휴대폰; +61-(0) 402 375 976. 집전화 ; +61-(0) 7-3123 2832. E-mail; Jewnhochoi@yahoo. com 가노엑셀상품 판매원.

Year of Adam, and Great Water Flood

These Documents are real history of Israelites of history of Years in The Bible written. Jewn Ho Choi researched The History of Year of Adam, Noah the year of the great water flood, Abraham, Joseph, Moses, King David, until today in The Bible.

Israel (Jacob)' s first born clan was Reuben, the Reuben' s children were Hanck, Pallu, Hezron (father of Ram also 8th Ascendant of David), also Karmi. [Ruth, 4:19].

Second Son of Jacob, the Clan of Simeon' s Sons were Jemuel, Jamin, Ohad, Jakin, Zohar also Shaul (Gannanitite Woman' s son).

Third Son of Jacob, the Levi (life time was 137 years)' s Son were Gershon, Kohath (life time was 133) also Merari. The Kohath 's chilren were Aram, Izhar, Hebron, also Uzziel. The Merari' s child was Mushi

[Exodus, 6 : 20], Son of Korath ; (1) Aram married his father' s Korath' s sister Jochebed who bored Aaron also Moses. (2) Izhar' s children were Korah, Nepheg, also Zikri. (3) Hebron. (4) Uzziel' s children were Mishael, Elzaphan, also Sithri.

Aaron married Elisheba, Elisheba was Amminadab's daughter. The Elisheba was Nahshon's sister. So Aaron or Elisheba's Sons were Nadab, Abihu, Aleazar, also Ithamar.

The Clan of Gershon with wife Libni's Sons also Gershon's wife Shemei 's Son was Izhar. The Izhar's Son was Korah. The Korah's Sons were Assir, Elikanah, Abiasaph. These were Korahite Clans.

Aaron's Son married one of daughter of Putiel. So the Putiel's daughter the Aaron's wife bore Phinehas. The Levi was the third Son of Leah the Jacob's wife. These were heads of the Livite familes Clan by Clan. Of these are Israelites out of Egypt by their divisions. They were the ones who spoke to Pharaoh the king of Egypt. So they were same as Moses or Aaron did spoke.

Israel (Jacob)'s first born of Clan was first Son Reuben. [Ruth, 4:18~22]. The genealogy of king David. The Jacob with wife Leah were 10th Ascendants of king David. [Genesis, 29:32]. Family Line of Perez with wife Reuben the 9th Ascendants of king David; 8th Ascendant was Hezron, 7th Acendant was Ram, 6th Ascendant was Amminadab, 5fth Ascendant was Nashon, 4th Ascendant was Salmon, 3rd Ascendant were Boaz with wife Ruth who was the Moabite from Moab, 2nd Ascendant was Obed, 1st Ascendant was Jesse who was father of king David.

Jacob with wife Rachel had one Son name was Joseph. Between Jacob with wife Leah had 6 Sons also 1 daughter. The Leah was first daughter of Laban, second daughter of the Laban was Rechel. The Laban was Jacob's uncle. The Jacob (Israel)'s 1st children was Son name was Reuben, 2nd children was Son name was Simeon, 3rd children was Son name was Levi, (Genesis,29 : 31~35), the 4th children was Son name was Judah, 5fth children was Son name was Issachar, 6th children was Son name was Zebulun, 7th children was Daughter name was Dinah. 8th children was Son name was Jacob who was bore from Leah's younger sister Rachel's first Son whom was Joseph. 9th children was Son name was Rachel's servant Bilhah's Son whom was Dan. 10th Children was Son bore from Rachel's servant Bilhah, name was Naphtali. 11th children bore from Leah's servant Zilpah, name was Gad. 12th children was also Leah's servant Zilpah's Son, name was Asher.

Moses born was in Egypt, (Exodus, 2:1~). Tribe of Levi (the third Son of Jacob (Israel) with Leah). A man of the tribe of the Levi did married to Levite woman. So the Levi's descendant woman become pregnant, so the baby son was Moses. So the Moses' father was Tribe of Levi, the Leah with Jacob's Son Levi's descendant. The Moses' mother was also the Levi's descendant the Levite's woman.

While Joshua conquered the Land, when Joshua had grown old, Yahweh said to Joshua that there are still very large areas of Land to be taken, the Land still remains were all the regions of the Philistines the Egyptian slave Hagal's descendants, also Geshurites from the river Shihor on the east of Egypt to the Territory of Ekron on the North, all of it counted as Canaanite though held by the five Philistine rulers in Gaza. (Joshua, 13: 1~3).

Joshua died at the age of 110 years old. However Moses in front of the Red Sea just before across the Red Sea when Exodus, the Moses age was about 80 years old, (Exodus, 7 : 7). The Moses older brother Aaron's age was 83 years old at the age of Moses 80 years old that year Moses spoke to Pharaoh the king of Egypt. Moses died at the age of 120 years old. The Moses died opposite of Jerico. Joshua buried in the Land of Joshua's inheritance at Timmath Serah in the hill country of Ephraim where there is north of Mount Gaash in Israel. Also Joseph's bones that carried by Moses when escape Egypt, on the way of Red Sea, also on the way of Ganaan. The Joseph's bones buried at shechem in the tract of Land that Jacob the Joseph's father Jacob bought for 100 silver from Hamor's Son who was Shechem's father. So these Land became the inheritance of Joseph's descendants. Also Aaron's Son buried at Gibeah, which had been allotted to Eleazar's Son Phinehas in the hill country of Ephraim. Moses buried at the mountain where can see far away to the Ganaan Land as what Yahweh said to Moses.

Juph in Ephraimite; Juph wife Hannah had non of children, but wife Peninnah had children. Juph's Son Tohu, Tohu's Son Jeroham, Jeroham's Son Elhanah, Elkanah's Son man from Ramathaim, Ramathaim's Son Zuphite from Hill County of Ephraim.

Concerning Judah in Jerusalem; Amoz's Son was Isaiah, Isaiah's Son was Shear also Jashub.

After the Abimelek die, Issacher named as Tola, the Puah's Son, also Tola lead Israel for 23 years.

Jair; followed Jair of Gilead lead for 22 years Israel, had 30 Sons.

(Judges, 19 : 1) Levite an his concubine lived in Ephraim, the Hill country, so concubine from Bethleham in Judah.

Naomi had a Son Obed, the Obed had a Son Jesse, the Jesse had a Son king Daivd. The genealogy of offspring of Perez, the Ascendant of king David ; (1) Perez [Tamar] the Perez had a Son Judah, also the Perez had another Son Hezron, the Hezron had Son Ram, the Ram had Son Amminadab, the Amminadab had Son Nahshon, the Nahshon had Son Salmon, the Salmon had Son Boaz, the Boaz was with Ruth, The Boaz had Son Obed, the Obed had Son Jesse, the Jesse had a Son king David.

They were standing in Ephrathah also Bethleham.

Amram with his father Korath's sister Jochebed who bored Aaron also Moses.

Rachel's husband Jacob dead year was same year of Joseph dead at the age of Joseph 110 years old.

Joseph was Son of between Jacob with Rachel. Joseph saw Ephraim's children, they were third descendants (third generations) from the Joseph. Joseph also saw Makir who was Manasseh's Son.

Joseph [Genesis, 48:1~3] had two Sons, first Son was Manasseh, second Son was Ephraim. They the two peoples were Jacob's grand children. [Genesis, 50:23]. Makir was the Manasseh's Son. The Makir's children were also born in Egypt, before Joseph death in Egypt. These Joseph's Sons Manasseh, Ephraim, Manasseh's Son Makir, Makir's Son were borne in Egypt, so they were infront of Joseph just before the Joseph death. So

Joseph had two sons also had some grand children. The grand children were fourth generations from Jacob.

Jacob with Rachel's Son Joseph's second Son Ephraim's descandants were 40,500 Peoples. [Numbers, 1: 32~]. Tribes of first Son Manasseh's descandants were 32,200 Peopels, they also Joseph's descandants. Benjamin's tribes were 35,400 Peoples. The Benjamin was Jacob's seventh Son from Line of descendants from Leah the wife of Jacob.

Descendants of Dan were 62,700 peoples. Dan was Jacob's nineth descendant from Jacob's wife Rachel's servant Bilhah's Son. [Numbers, 1: 38]. Jacob also Jacob's wife Rachel's Son was Joseph. [Numbers, 1: 32]. Ephraim was second Son of between Jacob also Rachel.

Tribe of Asher were 41,500 peoples. Asher was twelfth Son of from between Jacob also Leah's servant Zilpah. [Numbers, 1: 40]. Tribe of Naphtali were 53,400 peoples. Naphtali was Jacob's tenth Son from Line of Rachel's servant Bilhah's Son. [Numbers, 1: 42].

Moses also Aaron counted twelve leaders of Israel, each one representing his family. [Numbers, 1: 44~ 48]. All the Israelites the Israel Army were 603,550 peoples. However the ancestral tribe of Levites did not count the Army number of peoples. Also others peoples did not count, as did not included in the numbers of Israel Army. Because Yahweh said to Moses that unless appointed Levi's descendants to be charger of the tabernacle of the covenant Law. Because Levi's descendants have to did whenever tabernacle was to move or to be set up, Levites had to did that.

[Numbers, 3: 1 ~ 3], Account of family of Aaron also Moses at the time of the Yahweh spoken to Moses at Mount Sinai, the Aaron's Sons were Nadab who was first Son, also Abihu, Eliazar, also Ithamar. These four peoples appointed priests, who were ordained to serve as priests. However the Aaron's Son Nadab also Abihu died before Yahweh, when Nadab also Abihu made an offering with unauthorised fire before Yahweh, in the desert of Sinai. So Eliazar also Ithamar served as priests during the life time of Eliazar also Ithamar's father Aaron.

[Numbers, 26: 62 ~ 65], All the male of Levite, a month old or more numbered 23,000 peoples did not counted in the Israelites because they did not received any inheritance amongst Israelites of Levites. Yahweh said, they will surely die in the wilderness. Also non of will survive except Caleb the Son of Jephunneh, also Joshua the son of Nun.

[Numbers, 27: 18 ~ 22], Yahweh said to Moses, take Joshua the Son of Nun, the Joshua to be spirit of leadership, also lay you Moses hand on Joshua. Make Joshua stand before Elizar, the priest also the entire assembly, also commission Joshua in their assembly presence. Give Joshua some of your authority so that the whole Israelites community will obey to Joshua. Joshua is stand before Elizar, the priest who will obtain decisions for Joshua by enquiring of the Urim before the Yahweh. Urim was order to do step also process of the agreement between Israelites community peoples of Israelites, also agreement by Yahweh.

[Numbers, 27: 22 ~ 23], So Moses did as the Yahweh commended to Moses. So Moses took Joshua, Also made Joshua stand brfore Eleazar, the priest. Also the

whole assembly. Then the Eleazar laid the Eleazar hand
on Joshua, also commissioned Joshua, as The Yahweh
instructed through Moses.

The Yahweh commended to assign the inheritance of
the Israelites in the Land of Ganaan.[Numbers, 34: 19
~ 29, 35: 1 ~ 5]. (1) Jephunneh's Son Caleb, from tribe
of Judah. (2) Ammihud's Son Shemuel, from the tribe
of Simeon. (3) Kislon's Son Elidad, from the tribe of
Benjamin. (4) Jogli's Son Bukki, the leader from tribe
of Dan. (5) Ephod's Son Hanniel, the leader from the
tribe of Manasseh. The Manasseh was Joseph's Son.
(6) Shiphtan's Son Kemuel, the leader from the tribe
of Ephraim. Ephraim was Joseph's Son. (7) Parnak's
Son Elizaphan, the leader from the tribe of Zebulun.
(8) Azzan's Son Paltiel, the leader from the tribe of
Issachar. (9) Shelomi's Son Ahihud, the leader from
the tribe of Asher. (10) Ammihud's Son Pedahel, the
leader from the tribe of Naphtali. (11) Yahweh said
Moses at opposite Jerico in the plains of Moab near by
the Jordan, commend the Israelites to give the Levites
towns to live in from the inheritance the Iaraelites
will possess. Also give Levites pasture lands around
the towns. So then Levites will have town to live in
also pasture Lands for the cattle Levites own also all
Levites other animals. Levites will have these area as
pasture Land for towns. Six towns you Moses give to
the Levites, so will be cities of refuge, so to be the
towns to which a person who did kill someone, may
the killer flee, into the cities. In all you Moses also
community of Israelites must give the Levites forty
eight towns.

[Deuteronomy, 34: 7], Moses died at the age of 120
years old. [Joshua, 24 : 29 ~], Joshua the Son of Nun
(Joshua's father's name), also the servant of Yahweh,

Jewn Ho Choi

the Joshua died at the age of 110 years old, in the hill country of Ephraim, north of Mount Gaash.

Moses at the age of 80 years old when escape in Egypt, the Moses died at the age of 120 years old. So Moses lived 40 years after across Red Sea. After dead of Joshua [Judges, 1 : 1 ~], Yahweh said Israelites that Judah shall go up to fight against Ganaanites. [Judges, 3 : 12 ~14], Again the Israelites did evil in the eyes of Yahweh. So the Israelites were subject to Eglon, the king of Moab for eighteen years. So 58 years plus 18 years is equal to 76 years. [Judges, 3: 30] that day Moab was made subject to Israel, also the land had peace for eighty years. So 76 years plus 80 years is equal to 156 years. [Judges,4: 1 ~ 3], Again Isfaelites did evil in the eyes of Yahweh. Because Sisera, the commander of army in Hazor reigned in Hazor by the Jobin the king of Ganaan. Sisera the commander of his army was based in Herosheth Haggoyim. Because the Sisera had 900 chariots fitted with iron, also had cruelly oppressed the Israelites for 20 years. So 156 plus 20 years is equal to 176 years. [Judges, 6: 1 ~], The Israelites did evil in the eyes of Yahweh. Also for 7 years Yahweh gave Israelites into the hand of the Midianites. So 176 years plus 7 years is equal to 183 years. [Judges, 10: 1 ~], After death of the Abimelek, Issachar who was Tola, the Son of Puah, also the Son of Dodo. Issachar lived in Shamir, in the hill country of Ephraim. The Issachar named as Tola, led Isalites for 23 years, then Issachar died, also buried in Shamir. So 183 years plus 23 years is equal to 206 years. Before Issachar die, before leader of Israelites, the Issachar followed by Jair of Gilead, the Jair of Gilead led Israel for 22 years. So 206 years plus 22 years is equal to 228 years. Again Israelites did evil in the eyes of the Yahweh. Israelites believed other race's gods

44

of Philistines, Sidon, Moab, Aram, Baals, Ashtoreths also gods of Ammonites, because the Israelites forsook the Yahweh. So Yahweh sold Israelites into hand of the Philestines also the Ammonites, the Philistines also Ammonites shattered also crushed Israelites for 8 years. Philistines also Ammonites oppressed all the Israelites on the East side of Jordan in Gilead, the Land of Ammonites. The Ammonites also crossed the Jordan to fight against Judah, Benjamin also Ephraim. [Judges, 10 : 6 ~ 12]. Then the Israelites cried out to the Yahweh, also forsaked Israelites God, also Israelites serving Baals. Then The Yahweh replied, when the Egyptians, Amorites, Ammonites, Philistine, Sidonians, Amalekites, also the Maonites oppressed Israelites, so you Israelites cried to me Yahweh, for help, did I Yahweh did not save you Israelites from their hands?. But you Israelites forsaken me Yahweh, also served other gods. So I Yahweh will no longer save you Israelites. So go also cry out to the other god you Israelites have chosen, so let the faults serve you Israelites when you are trouble. Then the Israelites said to the Yahweh, we Israelites have sinned. Please do with us Israelites whatever you Yahweh think to do best, but please rescue us Israelites now. At that time then the Israelites did rid of the foreign gods amonst Israelites, also served the Yahweh. So Yahweh could bear Israel's misery no longer. [Judges, 10: 13 ~ 16].

[Judges,11: 25 ~ 26], Did he ever quarrel with Israel or fight with them? For 300 years Israel occupied Hesbon, Aroer, the surrounding settlements also all the towns along the Arnon. Why did not you retake them during that time?. So 300 years subtract 228 years is equal to 72 years. So 228 years plus 72 years is equal to 300 years.

[Judges,12: 7], Jephthah led Israel for six years, so 300 years plus 6 years is equal to 306 years. [Judges, 12: 9 ~ 12], Ibzan led Israel for 7 years, so 306 years plus 7 years is equal to 313 years. After the Abzan death, Elon, the Zebulunite led Israelites for ten years. So 313 years plus 10 years is equal to 323 years. [Judges, 12 : 14], After Elon, Hillel's Son Abdon from Pirathon, led Israel for 8 years, so 323 years plus 8 years is equal to 331 years. [Judges, 13: 1 ~], Again the Israelites did evil in the eyes of The Yahweh, so Yahweh delivered Israelites into the hand of the Philistines for 40 years. So 331 years plus 40 years is equal to 371 years. [Judges, 15: 20], Samson led Israelites for 20 years in the day of Philistines. So 371 years plus 20 years is equal to 391 years. [Judges, 16: 31].

[Ruth, 1: 3 ~ 4], When live in the country of Moab, a man from Bethlehem in Judah, together with his wife Naomi. Because of in Judah was famine. The Naomi's husband Elimelek they had two Sons, one was Mahlon, also the other one was Kilion. They were Ephrathites from Bethlehem in Judah. But Naomi's husbane died, so the Naomi left her two Sons. The Naomi's two Sons married to Moabite women, one was Orpah, also another one was Ruth. So they lived in Moab for ten years. But both the Naomi also Elimelek's Sons Mahlon also Kilion also died. So Naomi was left two Sons also left husband of Naomi. Thus 10 years plus 391 years is equal to 401 years. [Ruth, 1: 6 ~], Yahweh said to Naomi in Moab, to be providing food for Naomi also two daughter in Law of the Naomi. So Naomi's daughters in Law prepared to return to home in Bethlehem in Judah, from in Moab. Then Naomi said to her two daughters in Law, go back each of you, to your mother's home. At this day wept a loud again, then Orpah kissed her mother in Law good bye, but Ruth clung to Naomi. Also Naomi said look Ruth your sister in Law is going back to her people also her gods, go back with her. But Ruth replied, 'Do not urge me to leave you Naomi, or to turn back from you Naomi. Where you Naomi go I will go, also where you stay I Ruthy will stay with you Naomi. Your Naomi's people will be my Ruth people, also your Naomi's God my God. Where you Naomi die I Ruth will die, also there I Ruth will be buried. May The Yahweh deal with me Ruth, be it ever so severely, even if death separates you Naomi also me Ruth.' When Naomi realised that Ruth was determined to go with her Naomi, Naomi stopped urging her Ruth. So Naomi also Ruth went on until Naomi also Ruth came to Bethlehem. So barely harvest was beginning.[Ruth, 2: 1 ~], Ruth the Moabite said to Naomi, ' Let me Ruth go to fields so pick up the leftover grain, behind any person, whose eyes I Ruth find favour. So Naomi said to Ruth 'Go ahead, my daughter' So Ruth went out, so entered a field so began to glean behind the harvests peoples, as the a harvester person turned out, Ruth was working in a field belonging to Boaz. The harvest man was from the clan of Elimelek. So boaz greeted to the harvesters peoples. 'The Yahweh be with you harvesters. Then harvesters peoples answered' 'The Yahweh bless you!' [Ruth, 2; 8 ~], So Boaz said to Ruth, my daughter listen to me, do not go also glean a another field also do not go away from here. Stay here with the women who work for me. [Ruth, 2: 14], At meal time, Boaz said to Ruth, 'come over here'. 'Have some bread also dip up it in the wine vinegar'. When Ruth sat down with the harvesters peoples, Boaz offered Ruth, some roasted grain. Ruth ate all Ruth offered Ruth, some roasted grain. Ruth ate all Ruth wanted to eat, also had some left over. {Ruth, 2: 10}, At this, Ruth bowed down with her Ruth's face to the ground, Ruth asked Boaz, Ruth said to Boaz that 'why have I Ruth found such favour in your Boaz's eyes that you Boaz notice me—a foreigner'?. [Ruth, 2: 12], Boaz said to Ruth, may the Yahweh reply you Ruth for what you Ruth for what you have done. May you be richly rewarded by The Yahweh, the God of Israel, under whose wings you have come to take refuge. [Ruth, 4: 13 ~ 16], So Boaz married to Ruth, also Ruth became Boaz's wife. So Boaz also Ruth had a Son who Obed, also the Obed's son was Jesse, also the Jesse's Son was David, the king of Israelites also king of Israel Nation.

[Samuel, 13: 1~], Saul was thirty years old when he become king, also the Soul reigned over Israel for forty two years. So 32 years plus 42 years is equal to 74 years. So 74 years plus 391 years is equal to 465 years. Therefore the years of taken from at the in front of Red Sea, the Moses at the age of 80 years old, before Moses also Israelites across the Red Sea to the until Saul's death year, of the David became year of king Israelites for Israel Nation, is taken 465 years.

Therefore the year of Adam born also Eve born were; (1) King David, the Israel Nation also king of Israelites was BC 1000 year. [see Dictionary, David]. (2) King David to Moses at the age of 80 years old in front of Red Sea before crossed the Red Sea with Israelites taken years of 465 years approximately. From [exodus, 6: 20], to until [Samuel, 13: 1 ~]. (3) Moses at the age of 80 years to slave life of Israelites in Egypt for 430 years, at the end of the 430 years, to the very day, all the Yahweh's Division left Egypt. The length of the time the Israelites peoples lived in Egypt was 430 years. [Exodus, 12: 40]. (4) Joseph, the beginning of live Israelites in Egypt, from at the age of the year arrived Joseph in Egypt to Abraham one years old, was length of time of Abraham's descendants lived was, Joseph 17 years old, arrived in Egypt, [Genesis, 37: 2, 24, 28]. So Length of time of years of taken from Abraham born of age one year old to Joseph, the beginning of 430 years of Slaved life of Israelites in Egypt was; Joseph arrived, first arrived in Egypt by Midianites merchants by the Joseph's father Jacob's Sons, at the age of 17 years old of age of Joseph. Of the length of the time of years taken was, [Genesis, 20: 1 ~]. [Genesis, 37: 2, 24, 28]. So Joseph live length of the years in Egypt was 93 years, also Jacob lived length of years at the age of from Joseph 93 years of time at that year the Jacob's length of the years lived 54 years, also length of years of time Issac was 60 years, also Abram length of time was 100 years. So total taken year of length of time was; 100 years plus 60 plus 54 plus, 93 plus is equal to 307 years of length of time of years taken.

From the Abram one year old to ascendants of Abram, were Terah, Nahor, Serug, Reu, Peleg, Eber, Shelah, Arphaxad, Shem, Noah at the age of 600 years old, was length of time of years taken for 600 plus, 398 plus, 35 plus, 30 plus, 34 plus, 30 plus, 32 plus, 30 plus, 29 plus, 70 plus, were total 862 years of length of time of years taken. [Genesis, 11 : 10 ~]. Also from Noah one year old to Adam one year of length of time of years taken was; [genesis,5:1 ~]., adam 130, plus 105, plus 90 plus, 70 plus, 65 plus, 162 plus,65 plus, 187 plus, also Lamech 182 plus, Noah born year, were equal to 1076 years of length of time of years taken.

From Soul 74 years old to length of time of years until Moses at the age of 80 years old in front of Red Sea in Egypt just before crossed the Red Sea to until king

David in BC, 1000. with Israelites, the length of years taken 465 years.

Also from Moses at the age of 80 years old to until 430 years of slaved life of Israelites of beginning of year of Joseph the first Israelites beginning of living in Egypt, at the age of Joseph 17 years old when Joseph's father Jacob's Sons after Joseph's dream talk. [Genesis, 20: 1~].

Also from year of Joseph at the age of 17 years old, just before arrived in Egypt to until year of Abraham born year length of time of years taken 307 years. [Genesis, 37: 2, 24, 28].

Also from Abraham born year to until Noah at the age of 1 year old, of the length of time of years was taken 862 years. [Genesis, 11: 10 ~].

Also from Adam to Noah born year was taken 1076 years of length of time of years taken, Noah was born BC 3065. Therefore 1076 years Noah born year taken plus, 862 years Abraham born year taken plus, 307 years Joseph born year taken plus, 430 years total years of slave life of Istaelites taken as what Yahweh said in Egypt plus, 465 years taken from Red Sea to until king David because of Israelites did not followed as what Yahweh said. So plus, BC. 1000 (3013 years ago from this year in 2013 AD.) is equal to 6154 years taken, so BC 4154 was Adam born year.

So 6153 years ago subtract 1076 years is equal to 5077 years, so 5077 years subtract Noah age 600 year old is equal to 4477 years. Therefore BC 2464 year was Great Flood was began, so Noah got out of the Ark year was BC 2463. From this year 2013, about the Great

Flood was 4477 years ago was Great Flood was. The days taken the Noah's Great flood; 29days plus, 180 days plus, 13 days plus, 40 dyas plus, 14 days plus, 120 days plus, 57 days plus is equal to 473 days taken to Noah got out of the Ark since beginning of raining for 40 days of days also nights rain water flood.

These history researched by Jewn Ho Choi, also this Document written by Jewn Ho Choi. The Family Name Choi. The Managing Director of SunBuilders Pty Ltd, The Righteous Civilians Guidance Pty Ltd, The Legislation of The Universe Pty Ltd. Office address; Unit 13, 18 Swan Lake Crescent, Calamvale, QLD 4116, Australia. Telephone:−(61)−(07)−3123 2832. Mobil Phone number:−(61)−(0)402 375 976. Electronic Mail: jewnhochoi@yahoo.com

I Jewn Ho Choi welcome your contribution money or contribution property. If you like to contribute money or property, so contact me Yahweh family Jewn Ho Choi. Also contact My Yahweh family Jewn Ho Choi's descendants of The Yahweh family if you can donate money in future time.

These Documents wrote into Semites alphabet words Language also Phoenician Alphabet words Scriptures.

Date; 23rd of July, 2013 AD.

From; Jewn Ho Choi.

To all people:

Why The world was wrongly gone as experienced wrong history? Because People did not followed what Jesus said in The New Testament (New Covenant) book of Luke chapter 24, verse 44. Jesus said to disciples after resurrection from the three days death, mentioned in the chapter at the verse; fulfil Law of Moses also believe also implement what Moses wrote Law of Moses what Yahweh's words in The Bible also what Jesus said. Therefore Listen to the Law so implement the Law as your usual living behave. So that behaves are following what Yahweh said in The Bible

Do not eat what Yahweh said you shall not eat such kind food. Also do not do what Yahweh said you shall not do. But do what Yahweh said you shall do also do what Yahweh said you shall do implement. Also do not work for what Yahweh said do not do behave such or such kind of behave. Refer in the book of Deuteronomy also the first five books of Old Testament (Old Covenant) in The Bible.

However do implement what Yahweh said do behave such or such behave with act or perform.

Most People did not behave following what Yahweh said, so do not complain if your life is bad because you did not do behave following what Yahweh said Law in The Bible which is Moses wrote in the Old Testament (Old Covenant) that the words are commandments. Which you did not follow reason why many Nations history was wrongly gone also People did many crime as People wrongly educated.

Many Politicians or many people of leaders tried to People life living to be good but could not make people life to be good because they did not follow The commandments in The Bible that is all reason for wrongly developed history by wrong people until today. So do not blame other people, also do not hope or do not wish to be good if you did not follow The commandments in The Bible.

In the past history, if leaders or civilians did follow The commandments or if leaders or People did implement The commandments; The World People living did not be turmoil following the wrong leaders Politics. Politicians always said tried to make good real life but could not make, because wrongly educated people also wrongly believed because the Politicians believed other things rather than commandments in the Bible. Reason why lots of Peoples did fail their life in the past.

If People or leaders believed The commandments so if they did implement following the words of The commandments that Yahweh said to Moses, society could not turmoil or People could not did wrongly behave or People could not did revolt or People could not did invasion or People could not did persecute.

Therefore if People follow The Yahweh's The Commandments, then truly will be good future life or will come good future living. Also truly will not product toxic things if it damage people's health. Also People truly will not use toxic things if it is damage People's health.

The some of The commandments from Yahweh's words are; Do not covet other people's assets, do not kill people (Do not murder People), Do not steal other people's things or do not steal other People's assets or do not steal, do not do adultery sexual intercourse, do not be false witness, respect other People.

Written Date; 18th of August, 2013 AD.

You are welcome to contribution money or property to me Yahweh family, also welcome to contribution money or property to my descendants of my family Yahweh family.

Jewn Ho Choi Bank Account Number; National Australia Bank: Branch Address; 14 Zamia Street, Robertson, QLD 4109, Australia. Branch Number; 084 402. Account number ; 145 181 623. Swift Code; NATAAU 3303 M.

From; Jewn Ho Choi, The Managing Director of The Righteous Civilians Guidance Pty Ltd. (ABN: 63163432933).

The Legislation of The Universe Pty Ltd. (ABN: 71162962807).

SunBuilders Pty Ltd. (ABN: 31098191809).

Office Address; Unit 13, 18 Swan Lake Crescent, Calamvale, QLD 4116, Australia.

Mobile Phone Number; +61-0402 375 976.

Electronic Mail; jewnhochoi@yahoo.com

Planet The Earth is ball shape in Atmosphere.

I Jewn Ho Choi wrote this document on the date of 1st, 3rd, 4th of October 2012 AD. in Brisbane City in Australia at my home office in Sunnybank. For The World to be really good Environments.

I let you know briefly already, The Earth is ball shape where only place of Human beings or animals can live, so only living place in The Universe. The precious also beautiful The Earth is orbiting for three hundreds sixty five days for one year, at the certain distanced of perimeter from The Sun. So The Earth is turning at the point of certain distanced of perimeter from The Sun for day also for night for 24 hours for one day while orbiting for three hundred sixty five days for one year, for the at the point of beginning of the first day of next year.

We can find out the Planet The Earth is ball shape in Atmosphere if we look at the Sun rise from East or the Sun set to West.

The Earth has atmosphere within gravity. Ozone layers is exist between the gravity until beginning of one gravity of the space. The gravity where atmosphere called sky but outer Ozone layer called space where one gravity space. The certain distanced between The Earth to The Sun where in the atmosphere that are maintaining optimum natural Environments of The Earth as Yahweh has Created. So adjusted The optimum distanced between The Earth until The Sun, reason why The Earth has Sea, Land, river, Lake, Sea water, river water, Lake water, trees grow, fish or animals live before human being Adam BC 4154, Adam so Eve lived around near Tigri middle of Euphrates river where Gihon river between Syria to Iraq.

Gravity of the Earth of Ozone layers the optimum distance between The Earth to The Sun so The Earth has beautiful Environments as one seasons for some countries some nations, four seasons weathers for some nations some countries, two seasons weathers for some nations some countries, one seasons weather cold weather as frozen weather in Antarctica the north Antarctica or south Antarctica. So trees grow also watered in the ground soils, vegetables or crops grow, also fruits trees grow.

The Ozone layer protect ultraviolet Sun heat from The Sun. But fume or any toxic air or dusts are mixed in the atmospheres as infected oxygen, Land soil, river, or air from products of toxic chemical toxic liquid using or toxic materials products when products in the factories. Sometimes rain clouds or wind make big raining or drop the air pollutions or toxic dusts into soils, farm lands, sea, river or lake with the rain waters.

Therefore people shall not product or shall not make chemical toxic liquid if it damaging human beings or if it damaging Natural Environments. Paper from trees, cotton from cotton plants, silk from plants, many textile from plants or trees. Food come from plants or from trees.

Therefore do not try to damage Natural Environments or do not try to damage human being health.

(1) Do not covet other person's assets.
(2) Do not covet any people's assets.
(3) Do not kill other person. Also do not murder.
(4) Do not disturb other person. Do not disturb any People.
(5) Do not do adultery sexual intercourse.
(6) Do not covet other tribes' assets. Do not covet other tribes country's assets.
(7) Do not product if it damaging Human beings' health.
(8) Do not smoke cigarette.

Smoking cigarette is damaging other person who near the smoking person. Smoking person can not look after himself also can not look after his or her family. Some wrong people think if government give permit to products cigarette then they think government can collect Tax more so government can be rich by the Tax, but it is make the nations people poor because smokers are diseased so sick so spend more money to medication or health care. So it is huge minus for government even if government collect Tax. So government have to borrow money from foreign Nations so government debts are increased. We can think about if all people are health then who are not happy? Who are they? Who can not earning money so should close business? If all we are health.?

The Effective suppressing cancerous cells.

Japanese Doctor Fukumi Morishige has been surgeon for 37 years, have performed numerous operations found out the best method of cure cancer is Reishi. He was truly surprised during the course of treatments cancer diseased patients because symptom of cancers disappeared in 6 months have found out that the polysaccharides in Reishi are effective suppressing cancerous cells. Japanese scientists are first in making this discovery.

Since thousand years ago Ganoderma Lucidum (ReiShi, LingZhi) a kind of mushroom has been highly regarded by historical Chinese Medical books as a kind of wonder herbs. Traditionally Eastern World people know ReiShi is the best herb in The world but where is that? Could not find out so only if lucky person could find out in the mountain really in the some mountain so could not eat the ReiShi even if people know it is miraculous herbs, it was very hard to find out naturally grown Reish in the mountain, but now intelligent people found out how to farming the ReiShi Mushroom so now product a lots of Ganoderma Lucidum (ReiShi).

Ganoderma with Gano Excellium capsules (ReiShi extracted capsules); improve effective Brain function it is brain tonic. So very good for all people. Ganoderma Lucidum is Chinese name LingZhi, Japanese name ReiShi, Korean name YoungZhi means "Spiritual Potency" ReiShi Mushi room extracted capsules are Miraculous king of herbs long term taking of the ReiShi build a strong healthy body so assure a long life as it is also immunized from all sorts of disease. Ganoderma is perfect supplement beginning also end of the nutritional herbs which is cure all sorts of diseased.

Children of all ages can also benefit from Ganoderma Excel products.

Usage; 2 capsules 2 time a day or 4 capsules one time a day. Half of dosage for children.

From; Jewn Ho Choi, The Health Wealth consultant. Also Managing Director of The Righteous Civilians Guidance Pty Ltd.

Contact Phone number; Mobile Phone; +61-(0) 402 375 976.

Home Office Phone; + 61-(0) 7-3123 2832.

E-mail; Jewnhochoi@yahoo.com

Address; Unit 13, 18 Swan Lake Crescent, Calamvale, QLD 4113, Australia.

Health Wealth Consultant.
Gano Excel Australia
Distributor ID ; Au 2361806.

I opened health wealth consultant office in Australia. I am sure I can cure all your family's diseases with Ganoderma (ReiShi) capsules or with ReiShi coffee which I selling. Eat the Gano Excel Reishi capsules so protect your assets, each person let 3 people join Distributor member ship so on until 7 steps then 3,279 people so bonus income is $27,375 every month. Diseases are same as thief because let waste all money that saved by work hard, also can not cure diseases in the clinic or in the hospital, so can't save assets also can't look after assets. If you not health then your business can not success also can't work for good job, so have to give up job really as you live sad fortune continued. **You shall not** go way to sad fortune continue. Right now invest small money into your health which is much cheaper than you spend money into wrong food or to wrong products. If you invest small money to your family then you will see very big effective of good present of your living that is sure you will be health with as wealth of your life. This invest small money to your health is small but big prosperous effective your life. You are really lucky person because now you know that as you are success so really you will be success in your life if you do distributor also if you regularly eat Reishi capsules or Reishi Coffee or Reishi chokolade for children. Eat Reishi capsules or Reishi coffee or Reishi chokolade are miraculously cure all sorts of diseases also immunize from all sorts of diseases that is guide your life to be success as you are health also wealth. **First** of all **judgment** of life whether he or she is success or not success life is distinguished by whether he or she is health person or not health person. Consequently, the first is health the second is wealth in people life, so you can be health also you can be wealth. Even if you don't want to be health or wealth you will be health also wealth if you join distributor member ship or if you regularly eat Gano Excel Reishi capsules with Reishi coffee with Reishi chokolade so it is such as miraculous herbs which is "Spiritual Potency" Korean word=Young Zhi, Chinese word = Ling Zhi, Japanese word=ReiShi. Do not buy wrong products, do not consume wrong products, do not use wrong products therefore you shall save money to be consumption of Reishi that is grant them eternal youth also enhanced health so you become wealth, if you join distributor member ship so then you can be more wealth. **Students**, **people**, or **patients** shall eat Gano Excel Reishi extracted capsules also Reishi coffee, Reishi chokolade, Reishi ginseng danghi coffee as you are intelligent, wisdom also as genius. Intelligent people or wisdom people or genius people only eat this Gano Excel Reishi products. If you eat this Gano Excel Reishi products then you can also be beautiful, so save money for as you eat this Gano Excel Reishi products so as you do not spend money to wrong products because if you spend money to wrong products then you will hesitate to buy Gano Excel Reishi products because you do not have enough money to buy this Gano Excel Reishi products, so you will live sad unfortunate living.

Gano Excel Reishi products price is Reishi 90 capsules 1 bottle is $60−$83 big price is retail price, 30 Sachets Reishi black coffee is $16−$22, 20 sachets Reishi with sugar coffee is $13−$20, Reishi chokolade 20 sachets is $17−$22. The price is not so expensive but many people can not buy because spend money to wrong products habitually. This is 7 multi step bonus business, so regularly buy minimum worth of $100 monthly. From; Jewn Ho Choi. Mobile Tel; +61−(0) 402 375 976. Land Line +61−(0) 7−3123 2832 in Australia. E−mail ; Jewnhochoi@yahoo.com yahoo messenger is available. Office address; Unit 13, 18 Swan Lake Crescent, Calamvale, QLD 4116, Australia.

안녕하세요? 좋은소식을 알립니다.

신선하고 신비한 말레시아 영지버섯 커피와 영지켑슐 (약용)을 소개합니다. 많은양에 영지가들어가있어서 건강에 아주좋으며, 상품명은; GanoCafe 3 in 1 (가노카페 트리인완) $13, $20. Gano Cafe Classic (가노카페 클라식) $16, $22. Gano Schokolade (가노 쵸콜레이드) $17, $22. Supreno Premium Coffee (수프리노 프리미움 커피) $19, $23. Oleaf Gano Rooibos Drink (올리프가노 루이보스 드링크) $12, $18. Ganoc Real Spirulina (가녹 리얼 스피룰리나) $13.20, $19. Ganoderma (가노더마 켑슐) $66, $83. Excellium (엑셀리움켑슐) $44, $59. Gano Shop (가노비누) $15.40, $20. Gano Fresh Tooth Paste (가노치약) $ 8.80, $12. 적은금액은 멤버가격. **복용후 효과는;** 신체에 면역성강하게하여 주며, 항암작용을하고 종양을 방지하며, 항균작용 을하며, 혈액에 혈당성분을 낮춰주며, 당요를 없어지게하며, 알러지를 없게하며, 몸에 독소를 없애며 몸에독소를 몸밖으로 빠져나가게하며, 두뇌에 그리고 두뇌 신경에 산소공급을 증가 시켜서 정신을 맑게하고 신경을 강화시키며 기분 좋은 직장생활을 하게하며 잘하게되며, 기진 맥진한 피로를 없게하고 생동감을 복돋아주며, 영양분을 활성화 시켜서 높은 영양섭취를 복돋 아주며, 근육과 체내에 세포를 건강하게하여서 피부질을 재 활성화 시켜서 피부에 노화를 방지하며, 근본적으로 무기력감을없애며 정신을 맑게하여 맑은정신으로 깨어 있게하며, 맑은정신으로 순발력을지닌 생각을하게하며 순발력 있는 행동을 하게 하며, 말을잘하게하며 말씀을 쉽게하게하며 그것은 두뇌와 뇌세포와 뇌 신경에 좋기때문에 그렇습니다, 그리고 정신분열증도

없어집니다, 정신집중에 좋으며, 기억 력도 좋아지며, 뚱뚱한 사람 살도 빠지며, 콜레스테롤을 낮게하며, 산성화를 방지하며, 그리고 당신에 몸을 아름답게 하여줍니다. **암도치료됩니다.** 간염도 치료되며 종양암도 치료됩니다.

고려 Ko Rea국가에 국왕님 인종임금에 궁중내과의사 최사전 에 자손 최쥰호 Jewn Ho Choi 알림. $30.80 주고 멤버쉽에 가입하고 매월 멤버쉽유지비로 적어도 $100 어치 상품을 사먹어 야하며, 그렇게 매월 합계 $100 어치사먹고7 명 가입 시키고 그렇게 7단계까지 그렇게 한사람 당 책임지고 7명씩가입시키면 ; 첫번째단계는 20%, 둘째단계 7명에게서는 매월 5% 셋째 단계에 멤버에게서도 5%, 그 셋째 단계멤버에서 여섯번째단계 멤버까지는 5%, 마지막 7번째단계멤버에게서는 매월 10% 씩보너스나옵니다. 그래서 **7단계까지가면** ; 합계 823,543 명되며 **매월 보너스 $4,117,715.수입됩니다.** 3명만 가입시킨 사람은 한사람당 매월 $20 씩 합계 $60 보너스 나옵니다. 건강도좋아지고 다른사람들 질병도치료하고 부유하게되는 좋은 생활됩니다. 스폰서; 최쥰호 Distributor ID; Au 2361806. 사무실주소; Unit 13, 18 Swan Lake Crescent, Calamvale, QLD 4116, Australia. 연락 휴대폰 전화; +61-(0) 402 375 976. 연락Electronic-mail; Jewnhochoi@yahoo.com 전화; +61-(0) 7-3123 2832. 여러분 **매주화요일 저녁7시 멤버미팅 에 참여바람, 장소; HQ 호텔 1층 : 21 Kingston Rd,. Underwood. QLD**

According to the Babylonian Jewish Talmud.

According to the Babylonian Jewish Talmud (Written by Israelites about Israelites' history or Law by Babylonian Jews.), the Talmudic stage did not use on the subject of Paleo-Hebrew. Some stated that Paleo-Hebrew was the original script used by the Israelites at the time of the Exodus, BC,1465 when Moses with Aaron also with 600 thousands of Hebrew Israelites while across the Red Sea to Mount Sinai, now in Egypt Country. Also Moses also Aaron in the Mount Sinai, while others believed Paleo-Hebrew merely served when the original script of the Assyrian Script, which was lost. Ezra (a Jewish priest, so script he played a central part in the reform of Judaism in the 5fth or 4th of Century BC., book of the Bible telling of Ezra. The return of the Jews from Babylon, so rebuilding of temple in Israel. So the Scribe introduced in 500 BC., also reintroduced the Assyrian Script to be used as the primary Alphabet for the Hebrew language. But the Talmud states did not believe that Paleo-Hebrew ever existed, despite the strong arguments supporting.

Tora Scroll also permitted to write the Torah in Greek. Paleo-Hebrew called Phoenician, it is intended for the representation of text in Paleo-Hebrew, Archaic Phoenician, Phoenician, Early Aramaic, Late Phoenician

cursive, Phoenician Papyri, Siloam Hebrew, Hebrew
Seals, Ammonite, Moabite, also Ponic.

History of the Hebrew language, the North west
Semites Scriptures, of Phoenician, Aramaic, Hebrew,
Syriac, Arabic, are; '= 1, B=2, g=3, d=4, h=5, w=6,
z=7, h=8, s=90, q=100, r=200, s=300, t=400.

BC.200, the Samaritan Alphabet began to diverge from
the Jewish. But Samaritans have continued to use this
script for writing both Hebrew with Aramaic text until
the present day.

After Babylonian captured of Judea beginning of the
5fth century BC., when the Aramaic language also
script became an official means of communication,
the Paleo—Hebrew Alphabet was mainly writing the
Tanakh by a Coterie of erudite Scribs. Also Paleo—
Hebrew fragments of the Torah were found among
the Dead Sea Scrolls ; manuscripts 4Q12, 6Q1:
Genesis, 4Q22:Exodus, 1Q3, 2Q5, 4Q11, 4Q45, 4Q46,
6Q2:Leviticus. The vast majority of the Hasmonean
coinage as well we the coins of the First Jewish—Roman
war, the Bar Kohba's revolt, bear Paleo—Hebrew
legends. The Paleo—Hebrew alphabet fell completely
out of use after 135 AD.

From 300 BC to year 63 BC., before Roman army did
invasion into Israel, the Semites Tribes Language of
alphabetical words of language used to speak while
writing Messiah come, the Semites Tribes did trade
around Mediterranean Sea Countries in Europe also
the Semites did control trade ships at the entrance
of Mediterranean Sea in the Southern end of Island
in Spain. The Semites Tribes were Christian, also
they were Judaism Israelites Semites language group

of Tribes of Hebrew lived in Canaan Land in Israel traditionally, also in Arabic, also in Syria, so the Semites Tribes used speak Semites Language until the Roman invasion of Israel in 63 BC.

About in AD., 301 Roman Emperor family made Christian religion Roman catholic after withdraw Roman army from Israel. But about 800 AD., Roman catholic chief or leaders were beginning of elected by vote. So the Roman Emperor family cannot be chief of the Roman catholic church, or can not be leader of the Roman catholic church.

England peoples beginning of used Alphabetical words or writing Semites Alphabetical Language about since 800 AD., also England peoples first time published The Bible at that century, also England peoples did escape from Roman catholic church for look after England. Other Nations peoples also did escaped from the Roman catholic church. Because Roman catholic church leader did tried to control England peoples or other Nations peoples. So other around the Rome country Nations in Europe peoples did escape from the Roman catholic doctrine. Also Greek peoples also escaped from the Roman catholic church so believed Orthodox. England peoples believe England peoples' own church peoples. Also Germany peoples did escape from the Roman catholic church so believed German person Martine Lutheran church peoples for look after Germany Nation. England peoples language of many words came from Germany because many Germany peoples lived in England while Germany peoples occupied England Country.

Around in 750 BC., Greek Peoples adapted Phoenician Alphabet the Semites Language. After that, Italian peoples of Roman peoples adapted Greek Alphabet while Greek occupied in Rome in Italy reason why Roman peoples or Italian peoples use Italic Alphabetical letters with many Greek words. After that, Germany peoples adapted Alphabet words or scriptures from Italy or Roman peoples while Greek peoples or Roman peoples or Italian peoples occupied in Germany. After that, England peoples adapted words or Alphabetical letters from Germany peoples while Germany peoples occupied in England. France also using Alphabetical words or Alphabetical scriptures abapted from Greek Alphabet or Italic Roman Alphabet from Roman peoples while Roman peoples occupied in France.

Hebrew script evolved by developing numerous cursive features, the lapidary of the Phoenician Alphabet being less pronounced with the passage of time. The aversion of the lapidary script that indicate custom of erecting stele by the kings also offering votive inscriptions to the deity was not wide-spread in Israel. Inscriptions of 8th Century AD., the natural feature of pen also ink writing examples of Siloam inscription of tomb from Jerusalem, the Ketef Hinnom amulets a fragmentary Hebrew inscription on an ivory was taken war spoils probably from Samaria to Nimrud. Also hundreds of Hebrew seals from various sites in 8th to 6th century BC. Most developed cursive script found on the 18 Lachish Ostraca, letters dent by an office to Governor of Lachish just before the destruction the first Temple in 586 BC.

The earliest known inscription dated late 10th century BC. Of 22 letters of Paleo-Hebrew Alphabet was discovered on the stone on a wall at Tel zayit in the Beth Curin Valley in the lowlands of ancient Judea. In 1855 AD., has found Phoenician inscription of 22 lines amongst the ruins of Sidon (ancient Phoenician city other than Tyre, the Sidon city built by Noah's great grand Son. So named Zidon Sidon north of Tyre, situated in the narrow fertile plain between the mountains of Lebanon as well as Mediterranean 25 mile north of Tyre city, in Lebanon) that contained about 40 or 50 characters. That the copy was published in United States Magazine in July 1855. The inscription was on the lid of a large stone sarcophagus carved in fire letters style, of the writing was primarily a genealogical history of a king of Sidon buried in the sarcophagus (stone coffin).

Prote-Semitic organised 3750 BC. The earliest attestations of Semitic Language are in Akkadian 23rd, century BC. The evidence of Akkadian comes from Sumerian text circa 2800 BC. Also claim to have discovered Canaanite spells dated 3000 BC., also 2400 BC.

The Paleo-Hebrew alphabet is an branch of the ancient Semitic alphabet also closely related to the Phoenician alphabet from descended its dates 10th century BC., or earlier. It was used to writing the Hebrew language by the Israelites, also later split into Jews as well as Samaritans. But Jews begin did not use in the 5 fth century BC., after exile in Babylonia. After adopted the Aramaic (Semitic Languages which became the speech of Syria, Palestine also Mesopotamia after circa 300 BC.) alphabet as Aramaic alphabet writing system for Hebrew.

Date of wrote; 8th of August, 2013 AD.

You can also contribute money or property to me Yahweh family. Also you can contribute to my descendants of Yahweh family.

Jewn Ho Choi Bank Account Number: National Australia Bank; Branch Address; 14 Zamia Street, Robertson, QLD 4109, Australia. Branch Number; 084 402. Account number; 145 181 623. Swift Code; NATAAU 3303 M.

From; Jewn Ho Choi, The Managing Director of SunBuilders Pty Ltd. [ABN : 31098191809].

The Righteous Civilians Guidance Pty Ltd. [ABN : 63163432933].

The Legislation of The Universe Pty Ltd. [ABN : 71162962807].

Office Address; 13/18 Swan Lake Crescent, Calamvale, QLD 4116, Australia.

Office Telephone;−(61)−(07)−3123 2832. Mobile Phone;−(61)−0402 375 976.

Electronic Mail; Jewnhochoi@yahoo.com

7 multi steps bonus business of Spiritual potency health wealth business plan.

You can be really health also wealth in near future if you do this business. So Pay $100 for every month for maintaining elite membership, so $70 of in the $100 payment for maintaining member ship that is to be paid bonus to upper steps bonus, so $30 is for buy products price such as one box of classic black coffee with other one box of cream or sugar mixed 3 in 1 coffee price which is minimum buy the health coffee products for every month. Reishi Capsules are cure all diseases so become wealth. So you have to **let 3 people join into elite member** then you can earn bonus $27,375 every months. Consequently you are invest money every month $100 minimum for you to be health also you to be wealth. So if you invest $100 for 2 years then that will be $2,400 only, so It is lucrative business as multi parallel steps are no limited business steps so bonus come from **until bellow 7 multi steps** members only but parallel line members are no limited to be join into elite member ship. So if people really join into elite member ship then sure they will have bonus income every months $27,375 that is total **3,279** people of members, but can make join parallel line endlessly, so bonus income can be millions of dollars for every months. Therefore you have to join in this elite member ship if you want to earn that much bonus income every months surely. You have stock with secretary by $1200 per year. So if you let 3 people join into elite member ship will be as bellow explains of minimum income.

First step = 3 people X $20 (20%) = $60

Second steps =9 people X $5 (5%) = $45

Third steps = 27 people X $5 (5%)= $135

Fourth steps = 81 people X $5 (5%) = $405

Fifth steps = 243 people X 5 (5%)= $1,215

Sixth steps = 729 people X $5 (5%)= $ 3,645

Seventh steps = 2,187 people X $10 (10%) = $21,870
Monthly Bonus Sub-total; $27,375

You can let 3 people join elite member ship, so other people also can let 3 people join elite member ship each until 7 steps bellow you. If each people let 6 people join elite member ship until 7 multi steps then monthly bonus income would be millions of dollars for every month. Let us be health also be wealth. If any person want to be health, wealth, intelligent will be join this elite member ship.

From; Jewn Ho Choi, Gano Excel Australia Distributor ID ; Au 2361806 Contact telephone Mobile phone number; +61-(0) 402 375 976. Home phone number; +61-(0) 7-3123 2832. Electronic mail ; Jewnhochoi@ yahoo.com This business is to guide people to be invest minimum amount for to be health in the mean time also to be wealth so it is like spiritual potency living, welfare living system because members or consumers are not sick so never waste money to wrong food or wrong products so save money also can be look after yourselves very well if you eat these Reishi Capsules.

Printed in the United States
by Baker & Taylor Publisher Services